AF522809

SPEED READING

Mit dem Schritt für Schritt Plan sofort besser & schneller lesen lernen, mehr Wissen aneignen, Konzentration steigern und zum Leseprofi werden! + Effektives Gedächtnistraining

INHALT

Speed-Reading – die Möglichkeit zum schnellen Lesen 1
Was bedeutet Lesen überhaupt? 3
Ist etwas Geschriebenes ein Text? 4
Die Lesekompetenz 5
Was versteht man unter Speed-Reading? 8
Die Geschichte des Speed-Readings 9
Ist schnelles Lesen also wichtig? 11
Besonderheiten im Vergleich zum herkömmlichen Lesen 12
Welche Geschichte hat das Lesen und das Schreiben? 13
Welchen Einfluss das Lesen auf uns hat 15
Wie das Speed-Reading gelingt 17
Was vielleicht auch Sie am Skimmen hindert 19
Text-Skimming mit 400 WpM 20
Verständnis beim Lesen, so macht der Text einen Sinn 21
Welche Aufgabe haben die Augen beim Lesen? 22
Blickbewegungen kontrollieren 23
Das tut Ihr Gehirn beim Lesen 25
Wie Analphabeten Texte analysieren 27
Hat das Speed-Reading auch Nachteile? 28
So funktioniert das Speed-Reading 29
    Das normale Schnelllesen: 29
    Das optische Zeilenlesen: 29
    Das optische Schnelllesen: 29
    Das kleine Schnelllesen: 30
    Das große Schnelllesen: 30
    Das Lesemanagement: 30
Mögliche Leserichtungen 31

Die Zick-Zack-Methode ... 31
Die S-Methode ... 31
Die Schleifen-Methode ... 31
Vertikale Wellenbewegungen ... 31
Die langsame S-Methode ... 31
Die Methode der beidseitigen Lesehilfe ... 32
Wie schnell auch Sie mit dem richtigen Training schnell lesen könnten ... 33
Kann die Lesegeschwindigkeit bestimmt werden? ... 34
Wie auch Sie Speed-Reading lernen können ... 36
Tipps und Tricks fürs Speed-Reading ... 37
Zeitlimit setzen ... 37
Regression und Subvokalisation ... 37
Erweiterung der Blickspanne ... 37
Das Chunken trainieren ... 39
Verbessern Sie Ihren Wortschatz ... 40
Texte visualisieren ... 40
Konzentration ... 40
Selbstsicherheit beim Lesen ... 41
Lieber einmal mehr als einmal zu wenig ... 41
Lassen Sie die Augen selten stoppen ... 41
Seien Sie sich sicher, was Sie wollen ... 42
Überfliegen Sie den Text selektiv ... 42
Positive Stimmung beim Lesen ... 42
Carvers's fünf Lesemodis ... 43
Übungsanleitung Speed-Reading ... 44
Leseübungen ... 45
Tipps, wie Sie sich das Gelesene besser merken können ... 50
Für wen das Erlernen des Speed-Readings sinnvoll ist ... 51

Schlüsselwörter – was ist das? 52
Welche Lesearten gibt es noch? 53
Das Querlesen 53
Das Slalomlesen 54
Sequenzielles Lesen 55
Punktuelles Lesen 55
Kursorisches Lesen 55
Aktives Lesen 55
Vollständiges, detailliertes Lesen 55
Selektives Lesen 56
Suchendes Lesen 56
Inspiratives Lesen 56
Probelesen 56
Orientierendes, sortierendes Lesen 56
Korrekturlesen, redigierendes Lesen 57
Der Unterschied zum Speed-Reading 58
Speed-Reading Weltrekorde 59
So gelangen Sie zur besseren Konzentration 60
Die Konzentrationsblockaden 63
Unterbrechungen und Ablenkungen 63
Die nicht vorhandene Frustrationstoleranz 64
Gewohnte Unaufmerksamkeit/ Zerstreutheit 64
Interessen- und Motivationsmangel 65
Unklarer Plan und Handlungszweck 65
Allgemeiner Stress und Müdigkeit 65
Gesundheitliche und emotionale Probleme 66
Der positive Einfluss einer optimalen Konzentration 67
Der Einfluss der richtigen Umgebung während des Lesens 68

Konzentrationsübungen und Tipps 69
Schweigen und nichts tun 69
Buchstaben Suchspiel 69
Spielen Sie wieder Memory 69
Machen Sie das Radio leise 70
Bewusste Störungen für mehr Konzentration 70
Fortschritte erkennen und aufschreiben 70
So Vergrößern Sie Ihre Frustrationstoleranz 71
So wird aus fehlendem Interesse interessante Arbeit 71
Wie Sie Überlastung verringern können 71
Psychische oder seelische Probleme 72
Bücher lesen 72
Meditation 73
Meditationsübungen 74
Die Geh-Meditation? 74
Die Nasenatmung 74
Die Suche nach Stille 75
Die Mantra-Meditation 75
Das Sinnerlebnis 75
Der Fokus, seine Feinde und der Unterschied zur Konzentration 77
So können Sie zwischen dem engen und dem weiten Fokus umschalten 79
Aufmerksamkeit kontrollieren 80
Willkürliche Aufmerksamkeit 81
Unwillkürliche Aufmerksamkeit 81
Mind-Wandering 82
Stärken und Schwächen des Mind-Wanderings 82
Wie Sie die verschiedenen Aufmerksamkeits-Formen optimal einsetzen können 84

So können Sie das Mind-Wandering am besten für Sich nutzen 85
Was haben Fokus, Konzentration und Aufmerksamkeit mit Speed-Reading zu tun? 86
Was Sie für sich aus diesem Buch mitnehmen können 87

Speed-Reading - die Möglichkeit zum schnellen Lesen

In der heutigen Zeit wird so viel gelesen wie noch nie. Sie lesen ständig. Seien es die Nachrichten aus der Zeitung, die Pflichtliteratur aus der Uni, Bücher, um in dem Berufsleben immer auf dem neusten Stand zu sein, Online-Artikel oder die Statusnachrichten der sozialen Netzwerke wie Facebook, Instagram oder Twitter. Im Schnitt liest der Deutsche etwa zwei Stunden am Tag. Aus diesem Grund empfiehlt es sich auf eine schnellere Leseart zurückzugreifen. Das Speed-Reading ist in Deutschland oder allgemein in Europa noch nicht sehr bekannt.

Doch in Amerika und anderen Teilen der Welt hat es sich als sehr nützlich und empfehlenswert herausgestellt, um in kurzer Zeit möglichst viel zu lesen. Doch was macht das Speed-Reading denn so anders im Vergleich zum herkömmlichen Lesen oder im Vergleich zum Diagonallesen? Seit wann wird überhaupt gelesen und geschrieben und wie lesen die Analphabeten eigentlich? Was ist das Gehirn imstande zu leisten? Und wie ist es überhaupt möglich? Viele Fragen häufen sich, sobald man sich näher mit diesem Thema beschäftigt. Die Konzentration und der Fokus sind sehr wichtige Instrumente, um in der heutigen Zeit nicht den Faden zu verlieren.

Doch auch um neue Dinge zu erlernen ist es von größter Bedeutung, immer den Fokus im Auge zu haben. Das Speed-Reading ist für jeden geeignet, egal ob Sie nun ein Lehrer, ein Anwalt, ein Professor an der Uni oder ein Schüler sind. Sie können es ebenso privat zu Hause anwenden und die Vorteile für sich nutzen. In diesem Buch erfahren Sie einige nützliche Tipps wie auch Sie das Speed-Reading erlernen und anwenden können. Denken Sie immer daran, es ist noch kein Meister vom Himmel gefallen. Auch um das Speed-Reading zu erlernen, bedarf es etwas Zeit und Übung. In diesem Buch werden Ihnen außerdem die unterschiedlichen Lesearten näher gebracht und erklärt, wie auch Sie ihre Lesegeschwindigkeit ermitteln können. Anhand dieser Rechnung können Sie sich schließlich immer wieder kontrollieren und schauen ob Sie sich bereits verbessert haben.

Sie erfahren also wie das Speed-Reading genau funktioniert, welche Tipps und Tricks Sie wie anwenden sollten und wie Sie das Gelesene sich besser einprägen können, um das größtmögliche Textverständnis zu erzielen. Für die Vollständigkeit wird kurz auf andere Lesearten eingegangen, so erkennen Sie leicht die jeweiligen Unterschiede.

Auf den ersten Seiten werden Ihnen grundlegende Dinge erklärt, auf denen das Speed-Reading aufbaut und weiter ausgebaut wird. Dies und vieles mehr erfahren Sie hier in diesem Buch.

Was bedeutet Lesen überhaupt?

Das Lesen ist ein aktiver Konstruktions- und Verstehensprozess. Diese Prozesse setzen somit voraus, dass Sie Wörter und Sätze entziffern können, und die Fähigkeit besitzen zu verstehen, was das Gelesene bedeutet. Diese Bedeutungen können allerdings nicht einfach abgelesen werden, sondern müssen erst im Gehirn hergestellt werden. Somit bringen Sie, wenn Sie lesen und das Gelesene auch verstehen, die im Text enthaltenen Signale in einen untereinander stehenden Sinnvollen und logischen Zusammenhang. Dieser Zusammenhang bezieht sich schließlich auf die Vorstellungen und Informationen aber auch auf die Erfahrungen, die Sie bereits im Vorfelde zu diesem Thema sammeln konnten.

Hier spielen andere Bücher und Texte aber auch die Medien und persönlichen Erfahrungen eine große Rolle. Man kann also sagen, dass das Verstehen aus genau dieser Kombinationsarbeit des Gehirns hervorgeht. Für den Verstehensprozess sind verschiedene Faktoren notwendig. Zum einen ist es die allgemeine Denkfähigkeit und das Arbeitsgedächtnis. Diese machen es Ihnen möglich, Texte und neue Informationen adäquat zu erfassen und diese auch einzuordnen. Ein weiterer Faktor ist die Wahrnehmung der verschiedenen Textelemente, also das Wiedererkennen von Wörtern, Buchstaben und Wortbausteinen. Dieses Wiedererkennen wird auch Dekodieren genannt. Doch um vernünftig lesen zu können, ist es wichtig, den Lesevorgang zu planen. Somit kann das Lernstrategiewissen als mentales Programm bezeichnet werden, welche die Vorgehensweisen und das Verständnis des Textes beeinflusst. Des Weiteren sind die Faktoren Monitoring und Metakognition notwendig, damit Sie flexibel die entsprechenden Texte verarbeiten können. Die Strategien sollten daher Situations- und Anforderungsgerecht koordiniert, ausgewählt und überprüft werden.

Ein weiterer und sehr wichtiger Faktor ist das bestehende Vorwissen. Das von Ihnen bereits bekannte Wissen erleichtert die Herstellung von Sinneszusammenhängen ungemein. Doch auch hat das Vorwissen Einfluss auf die Einordnung von Textinformationen für den weiteren Bedeutungszusammenhang. Als letzten Faktor ist das Leseinteresse zu nennen. Die Auswahl von Lesezielen, die durch die Lust am Lesen und anderen Interessen und Erwartungen beeinflusst werden, leitet den Konstruktions- und Leseprozess.

Ist etwas Geschriebenes ein Text?

Zugegeben, diese Frage erscheint etwas komisch und sehr philosophisch. Doch wenn Sie überlegen, wie das Lesen überhaupt funktioniert, ist der Text doch eher das, was in den Köpfen noch ausgebaut werden muss. Denn das Geschriebene kann nur von den Augen erfasst werden, eine Bedeutung zu dem Gelesenen bringt erst das Gehirn. Allerdings muss man sagen, dass man den Begriff „Text" durchaus in zwei Kategorien aufteilen kann. Als Erstes ist der materielle Text zu nennen, der auf einem Blatt Papier geschrieben steht. Als Zweites ist der kognitive Text zu nennen, der sich auf das bezieht, was Sie sich im Kopf zu dem Gelesenen aufbauen. Das bedeutet, dass der materielle Text den Ausgangspunkt bietet, aber dass Ihr Gehirn eben diesen materiellen Text erst interpretieren und weiterverarbeiten muss.

Damit Sie nun einen materiellen Text verstehen, müssen Sie gewisse Dinge erfüllen wie zum Beispiel das sprachliche Wissen oder das Weltwissen. Es kann also folglich gesagt werden, dass Sie ein umfangreiches Vorwissen besitzen und dieses gleichzeitig aktivieren müssen, wenn Sie einen Text interpretieren möchten.

Die Lesekompetenz

Die Lesekompetenz beschreibt die Fähigkeit Texte zu lesen, zu verstehen und schließlich die Aufgaben aus ihnen zu lösen. Um das Ganze noch etwas genauer zu beschreiben, werden unter Kompetenzen die allgemeinen kognitiven Fertigkeiten und Fähigkeiten verstanden, die erlernbar sind, über die jemand verfügt und die jemand erworben hat. So können Sie mit diesen erlernten Fähig- und Fertigkeiten in gewissen Situationen bestimmte Probleme effektiv lösen. Außerdem ist dadurch das Planen und Handeln sowie die motivationale Bereitschaft zu steuern und zu kontrollieren möglich. Die Lesefähigkeit stellt in unserer Kultur eine Form der Weltaneignung dar und kann in drei Stichworten zusammengefasst werden. Als Erstes ist der Zugang zu erwähnen. Für diesen „Zugang" ist die Lesekompetenz die Voraussetzung für die Anteilnahme an den Informationen und der Kommunikation. Das zweite Stichwort ist die Mitgliedschaft. Dieses beschreibt, dass Sie ein Mitglied in der Gesellschaft sind, in der das Schreiben eine wichtige und zentrale Rolle spielt, wenn Sie über die Lesekompetenz verfügen. Das dritte Stichwort ist die Entwicklungsfähigkeit. In der Wissensgesellschaft verfügen die Lesenden über eine Fähigkeit für das Lernen. Man kann also sagen, dass durch die Lesekompetenz die wichtige Voraussetzung für soziale Handlungskompetenzen gebildet wird.

Der deutsche Forschungsverbund „Lesesozialisation in der Mediengesellschaft" beschreibt fünf Dimensionen der Lesekompetenz.

Die Motivation

Die Motivation beschreibt in diesem Zusammenhang, dass Sie beim Lesen motiviert sind und Bücher und Texte als etwas Wichtiges ansehen. Außerdem gehen Sie mit einer positiven Erwartung an die Sache ran. Sie sind zielstrebig, ausdauernd und haben das Bedürfnis zu verstehen. Daher ist die Motivation nicht nur eine gute Voraussetzung für das Lesen, sondern auch ein eigener und wichtiger Teil der Lesekompetenz.

Die Kognitionen

Zu den Kognitionen gehören die Fähigkeiten, die das Verstehen des Textes ausmachen. Dazu gehören die Buchstaben- und Worterkennung, die Bild-

und Grafikelementdekodierung und das Erkennen von lokaler und globaler Kohärenz, also des lokalen und des globalen Zusammenhangs.

Die Emotionen
Die Emotionen begleiten und intensivieren das Lesen. Sie sind somit unverzichtbar in der kulturellen Lesepraxis. Das bedeutet, dass Texte häufig bedürfnisbezogen ausgesucht und mit den persönlichen Erfahrungen und den persönlichen Gefühlserlebnissen verbunden werden. Doch nicht nur Bücher werden emotional ausgewählt, sondern auch Sachtexte. Die Emotionen machen es also möglich, dass ausdauernd gelesen werden kann und dass Sie das Gelesene verarbeiten und verstehen können.

Die Reflexionen
Die Reflexion ist die Verarbeitung und die kritische Bewertung von Texten. Zudem ist sie das Erkennen der Absicht des Textes sowie die Einordnung dieser Intention in größere Zusammenhänge. Aber auch das Nachdenken über den eigenen Lernfortschritt gehört mit in die Dimension der Reflexion.

Anschlusskommunikation
Mit der Anschlusskommunikation ist die Kommunikation, also das Austauschen über den Text, gemeint. Sie führt zu einem erweiterten Textverständnis. Hierdurch müssen Sie gegebenenfalls gewisse Dinge korrigieren, oder aber auch den Text neu verstehen. Dabei geht es außerdem um die Toleranz gegenüber anderen Interpretationen sowie um das Aushandeln der verschiedenen Bedeutungen in einen Konsens.

Je nach Art des Textes, den Sie lesen, werden die einzelnen Teilkomponenten unterschiedlich stark gebraucht.

Die Lesestrategien
Unter Lesestrategien werden die Fähigkeiten verstanden, mit denen Sie Ihr eigenes Lesen steuern und regulieren können. Es sind also Techniken, die Ihnen helfen sollen, die Textinhalte besser zu verstehen und zu behalten. Dazu ist es aber notwendig, dass diese Strategien von Ihnen auch flexibel eingesetzt werden können, denn sie müssen den entsprechenden Anforderungen und den Situationen angemessen angepasst und ausgewählt werden. Außerdem müssen die passenden Lesestrategien kombiniert und an die

Situation entsprechend angepasst werden. Sollten Sie mit zu den guten Lesern gehören, besitzen Sie verschiedene Lesestrategien und können diese immer nach Bedarf einsetzen und an die entsprechenden Leseanforderungen anpassen. Doch um gute Lesestrategien zu entwickeln, dauert es mehrere Jahre. Die Lesestrategien werden nicht an den Schulen gelehrt. Es ist also einiges an Übung notwendig. Spätestens an der Universität wird in vielen Fällen jedoch vorausgesetzt, dass die Studenten bereits über so eine Lesestrategie verfügen. Das Problem ist allerdings, dass man es zwar trainieren kann, es aber in den nicht richtigen Situationen auch nicht zu den gewünschten Resultaten kommt. Sie wissen also über die Theorie Bescheid, dass es Lesestrategien gibt, allerdings wissen Sie nicht, wie Sie diese angemessen anwenden können.

Lesetraining

Bei dem Lesetraining geht es vor allem um die Wahrnehmung und die Verarbeitung verschiedener Textelemente. Jedoch handelt es sich auch um die Erkennung der jeweiligen Bezüge sowie den damit verbundenen Textzusammenhang und der anschließenden Klärung des Textsinns. Sofern Sie die dafür benötigten Strategien beherrschen, können Sie sich diesen Herausforderungen selbstständig stellen. Doch auch, wenn Sie diese Strategien beherrschen, müssen diese immer wieder verbessert und aktualisiert werden. Es bieten sich verschiedene Trainingsmethoden an. Für die Orientierung des Textes macht es Sinn, dass Sie das Überfliegen und das Überblicken des Textes üben. Für das Festhalten und das Dokumentieren der Kerninformationen sind die Übungen, mit denen Sie die wichtigsten Textpassagen zusammenstellen, besonders wichtig. Um das Nichtverstandene zu klären, eignen sich Aufgaben, bei denen Sie schwierige Textpassagen bewältigen müssen. Als letzte wichtige Trainingseinheit bietet sich eine Aufgabe, mit der Sie die Textstruktur beschreiben und verstehen sollen, so können Sie auch diese für sich selber nutzen oder abwandeln.

Was versteht man unter Speed-Reading?

Unter Speed-Reading oder unter der deutschen Bezeichnung „Schnelllesen“ wird eine Kombination aus verschiedenen Lesetechniken verstanden. Mit diesen Lesetechniken ist es Ihnen möglich, das Lesetempo zu steigern und dennoch ein gutes Textverständnis zu haben. Es ist also eine Technik, mit der Sie lernen, schneller zu lesen. Sie setzt direkt bei den Fähigkeiten des normalen Lesens an. Grundlage für diese Lesetechnik ist schließlich die Möglichkeit und Fähigkeit des Gehirns, große Datenmengen verarbeiten, sowie die Fähigkeit des Auges, größere Partien erfassen und anschließend zu „fotografieren“. Eine nach der Improved Reading-Methodik geltende Kerntechnik des Speed-Reading ist das sogenannte „Chunken“. Das bedeutet so viel wie „Erfassen von Wortgruppen“. Bei dieser Technik wird die Fähigkeit des Auges zunutze gemacht, denn das Auge kann bei einem ungefähren Leseabstand von 35 - 40 cm einen Bereich von etwa 3,5 cm scharf sehen und erkennen. Das bedeutet, dass das Auge so viele Wörter gleichzeitig erfassen kann, wie sie in eben diese 3,5 cm hineinpassen. Die Fixationszeit dauert beim Erfassen von Wortgruppen genauso lange wie bei dem Erfassen von einzelnen Wörtern, ca. eine Viertelsekunde. Genau genommen „chunken“ Sie auch jetzt schon beim Lesen. So erkennen Sie, dass die Wörter „an“, „dem“, „Fluss“ für sich alleine keine Bedeutung haben. Erst im Zusammenhang miteinander ergeben sie einen Sinn. Doch erfassen Sie nun die Wörter „an dem Fluss“ mit einem Blick, sind Sie nicht nur dreimal so schnell, sondern es ergibt sich auch direkt der Zusammenhang. Bei dem Wort „Sonnenuntergang“ ist es anders. Dieses Wort erfassen Sie direkt mit einem Blick, wodurch klar wird, dass Sie in gewisser Weise schon „chunken“. Machen Sie es also nur noch etwas konsequenter. Das Ziel dieser Leseform ist eine komplette Veränderung des Normallesens, sodass zum einen das Lesetempo stark gesteigert wird, zum anderen das Textverständnis konstant bleibt und anschließend der Inhalt des Textes dauerhaft im Gedächtnis gespeichert wird.

Die Geschichte des Speed-Readings

Ursprünglich stammen die Anfänge des „Speed-Readings“ aus den Vereinigten Staaten. Es wurde bereits 1920 besonderen und ausgewählten Menschen gelehrt. Im Jahre 1940 wurde es sogar an amerikanischen Eliteuniversitäten und im Jahr 1960 der Öffentlichkeit beigebracht und unterrichtet. Natürlich war die damalige Form nicht genau mit der heutigen zu vergleichen. Doch seitdem können Sie es sich weltweit in Form von Seminaren oder in der heutigen Zeit im Internet oder in Büchern selbst aneignen. Es muss allerdings erwähnt werden, dass es sich in Europa nur langsam etabliert hat und dass es auch heute noch mit gewissen Vorurteilen verbunden ist. Anfang des 20. Jahrhunderts begann die Wissenschaft mit ihren ersten Anfängen.

So setzte die englische Luftwaffe, die Royal Air Force, schon im Ersten Weltkrieg für das Training der Piloten bestimmte Trainingsmethoden für die Flugobjekterkennung, unter anderem die Aufblendtechnik, ein. Das Ziel dieses Trainings war sehr eine gute Mustererkennung des Piloten, sodass er die feindlichen, aber auch die Flugzeuge aus den eigenen Reihen in sehr kurzer Zeit und aus verschiedenen Distanzen erkennen konnte. Hierfür wurde anfänglich ein Diaprojektor verwendet, der Luftkampfszenen mit großen Abbildungen für längere Zeit abbildete. Anschließend wurden die Abbildungen immer kleiner, sodass am Ende winzige Abbildungen in 1/500 Sekunde erkannt werden mussten. Nun kommen wir dazu, wieso dies im Zusammenhang mit dem Speed-Reading steht.

Damals wurde diese Technik, die auch als Tachistoskop-Technik benannt wurde, auf das Lesen übertragen. So war es in damaliger Zeit möglich, die Lesegeschwindigkeit auf bis zu 400 WpM zu erhöhen. Dazu muss allerdings erwähnt werden, dass dieser Wert meistens nach Ende des Trainings wieder auf den ungefähren Ausgangswert zurückfiel. Dieser lag bei ungefähr 200 WpM.

Evelyn Woods gilt jedoch für das heute bekannte und moderne Speed-Reading als die Mitbegründerin schlechthin. In den Anfängen begann Sie, die Idee des Speed-Readings in einzelne Fähigkeiten aufzuteilen, sodass jeder Mensch es erlernen konnte. Die folgende Zeit für die Entwicklung, die umfangreichen Recherchen und das detaillierte Studium umfassten ganze sieben Jahre. In diesen Jahren gelang es ihr, ihr heute bekanntes Programm „Reading Dynamics“ zu entwickeln. Ein Meilenstein ihrer Arbeit, die sich gelohnt hat. So wurde es im Jahre 1959 in Washington bekannt und hat selbst John F. Kennedy inspiriert. Die von ihr entwickelte Technik galt als die modernste und gängigste Technik im Bereich des Speed-Readings und leistete echt Pionierarbeit.

Auch Tony Buzan ist maßgeblich an der Entwicklung des Speed-Readings beteiligt gewesen. Auch die Mind-Map-Methode wurde von ihm erfunden. Er studierte sowohl Psychologie, Anglistik, Mathematik als auch die allgemeinen Naturwissenschaften.

Ist schnelles Lesen also wichtig?

Wer zu langsam liest, hat meistens Probleme, den Inhalt des Gelesenen richtig zu verstehen und zu erfassen. Der Grund ist die Tatsache, dass das Arbeitsgedächtnis Inhalte nicht sehr lange speichern kann. Dementsprechend hat ein langsamer Leser Verständnisprobleme, weil das Arbeitsgedächtnis nicht ausreichend detaillierte Informationen speichern und abrufen kann. Außerdem ist die kohärente Vernetzung der verschiedenen Informationen, die aus dem Gelesenen und im Zusammenhang mit der Generierung des mentalen Modells einhergehen, nicht möglich. Ebenso können die Selbstüberwachungsprozesse, oder auch „Self Monitoring" genannt, nicht mehr richtig geleistet werden. Der Grund ist hier die mangelnde Differenzierung zwischen dem Text und der mentalen Konstruktion, die nicht mehr reflexiv geleistet wird.

Es sollte demnach eine flexible grundlegende Lesegeschwindigkeit angestrebt werden, mit der Sie situativ auf alle einzelnen Gegebenheiten im Text reagieren können. Das bedeutet im Umkehrschluss, dass durch das schnelle Lesen Informationsverluste vermieden und zugleich die wichtigen Textinhalte besser im Gedächtnis gespeichert werden können. Dies wird durch die effiziente Worterkennung möglich, denn durch sie wird mehr Kapazität für höhere Verständnisprozesse frei.

Besonderheiten im Vergleich zum herkömmlichen Lesen

Das normale Lesen lernt man in der Regel durch zwei verschiedene Methoden. Die phonetische Methode präsentiert die Buchstaben mit ihrem Klang. Anschließend werden bei der späteren Präsentation der Buchstaben die Laute auch ausgesprochen. Die zweite Methode ist die Schau-und-Sprich-Methode. Hier werden Bilder mit dem dazugehörigen Wort präsentiert. Später wird schließlich zu dem lautlosen Lesen übergegangen, wobei auch hier das Subvokalisieren, also das innerliche Mitsprechen, häufig beibehalten wird. Durch dieses Subvokalisieren wird die Lesegeschwindigkeit jedoch auf maximal 400 WpM begrenzt. Wenn Sie sich dazu entscheiden, Speed-Reading zu erlernen und anzuwenden, können Sie vielleicht direkt am Anfang schon folgende Dinge beobachten. Sie kennen es sicher auch. Sie lesen etwas, sei es einen langen Text aus der Wirtschaftszeitung oder ein spannendes Buch und schon merken Sie, wie Ihre Augen immer schwerer und Sie schließlich auch müde werden. Vielleicht sind Sie ja sogar auch schon mal beim Lesen eingeschlafen. Viele Menschen werden während des Lesens extrem müde oder schweifen mit Ihren Gedanken ab. Sind Ihre Gedanken erstmal auf eine andere Reise gegangen, fällt es schwer, diese wieder einzufangen und auf die eigentliche Aufgabe zu richten.

Doch wenden Sie nun aber die Techniken des Speed-Readings an, lesen Sie nicht nur deutlich schneller, sondern Ihre Gedanken schweifen nicht mehr ab und Sie werden auch nicht mehr müde. Dadurch, dass Ihre Gedanken auf das Wesentliche gerichtet sind, können Sie sich den Inhalt des Textes besser merken. Sie haben schlichtweg keine Zeit, sich über andere Dinge den Kopf zu zerbrechen. Das Lesen, welches in der Schule gelehrt wird, ist in vielen Fällen, doch gerade für die geübten Leser, nicht unbedingt empfehlenswert. Grund dafür ist, dass es sehr viel Zeit braucht. Mit den Speed-Reading-Techniken können Sie jedoch genau diese unnötige Zeit einsparen. Im Schnitt liest der Deutsche ungefähr zwei Stunden am Tag. Durch das Speed-Reading können Sie nach etwas Übungszeit Ihre Lesegeschwindigkeit verdoppeln, sodass Sie einen ungefähren Zeitgewinn von einer Stunde haben. Das ist vor allem in der heutigen Zeit, wo man immer im Stress ist und sowieso eigentlich nie Zeit hat, ein enormer Mehrwert.

Welche Geschichte hat das Lesen und das Schreiben?

Das Schreiben galt in früheren Zeiten eher für administrative, ökonomische und natürlich für religiöse Zwecke. Es ist somit egal, bei welchen Anfängen der Schriftkultur angesetzt wird. Sei es in Mesopotamien mit einstigen symbolischen Figuren im Jahr 5000 v. Chr., seien es die Zeichen der Vinca-Kultur im Donauraum im Jahre 5300-3500 v. Chr. oder aber seien es die alten Hieroglyphen der Ägypter im 3. Jahrtausend vor Christus. In der früheren Zeit waren die Menschen, die der Schrift mächtig waren, keine Dichter, sondern eher wie Finanzbeamte, die die Steuerlisten geführt hatten. Es wurden Dinge notiert und dokumentiert wie beispielsweise der Kauf von Acker und Vieh, Gerichtsurteile und Güterlisten. Doch dies änderte sich bald im Laufe der Jahre um 2700 v. Chr. Seitdem wurden in Babylon ebenso Hymnen und Mythen aufgeschrieben.

Sie können sich vorstellen, dass in so weiter Vergangenheit nur die wenigsten Menschen des Lesens und Schreibens mächtig waren. So waren es in Ägypten des alten Reiches etwa 0,3 Prozent und in dem neuen Reich 1570-715 v. Chr. etwa fünf bis sieben Prozent. In der damaligen Zeit war es also ein großes Privileg, welches nur den wenigsten Menschen zuteil geworden ist. So blieb es schließlich den damaligen Verwaltungs- und Kaufleuten vorbehalten. Sie konnten so durch diese Spezialfähigkeit eine höhere Position einnehmen.

Im siebten und sechsten Jahrhundert v. Christus war die griechische phonetische Schrift allgemein verbreitet. Da sie leicht zu erlernen war, war sie somit im Jahre des 5. Jahrhunderts v. Chr. so weit verbreitet, dass die Mehrheit der Bevölkerung von Athen lesen und schreiben konnte.

Im Mittelalter und bis weit in die Neuzeit bedeutete die Literalität so viel wie Geistlichkeit und Lateinkenntnis. Doch das Privileg des Lesens zu lernen, war nur wenigen Menschen in der damaligen Zeit gegönnt. Ab dem 6. Jahrhundert begann der Unterricht der Geistlichen für die angehenden Kleriker. So lernten sie ab dem siebten Jahr bereits singen und lesen. Hier lag der Schwerpunkt auf liturgischen Texten und lateinischen Liedern, die erst im hohen Mittelalter durch Lieder in der eigenen Volkssprache ersetzt wurden. Das war auch der Beginn, dass allmählich Lesebücher in der jeweiligen

Muttersprache für den Unterricht eingesetzt und hergestellt wurden. Doch dennoch galt das Lesenlernen weiterhin als Privileg.

Im Laufe der Zeit wandelte sich die Sicht auf das Schreiben- und Lesenlernen. Denn ab der Mitte des 14. Jahrhunderts beschleunigte sich die Entwicklung der Schriftlichkeit für die Kommunikation. So war schließlich der Antrieb zum Erlernen von Schreiben, Lesen und auch Rechnen außerhalb des Klerus kein religiöser mehr. Die Gründe, weshalb man Lesen und Schreiben lernte, veränderten sich. Das Hauptaugenmerk lag nicht mehr auf dem Kommentieren der Bibel, sondern es wurde viel gebräuchlicher für den Handel sowie in der Verwaltung. Zum Ende des Mittelalters stieg somit die Anzahl der Menschen, die des Lesens und Schreibens mächtig waren, auf rund 20%. In der Neuzeit entwickelten sich das Ansehen und die Wichtigkeit des Lesens und Schreibens immer weiter. Immer mehr Menschen beherrschten es. Bis in die heutige Zeit, in der jedes Kind das Schreiben und das Lesen lernt, sind aber noch sehr viele Jahre und Generationen vergangen.

Heute hat es einen ganz anderen Stellenwert und gilt nicht mehr unbedingt als Privileg für eine Handvoll ausgesuchter Menschen. Wo damals die Menschen nur einzelne Wörter entziffern konnten, sprechen wir heute über das Thema Speed-Reading, mit dem es möglich ist, in einer kurzen Zeit, sehr viel Text zu lesen. Das wäre in den früheren Jahren undenkbar gewesen. Es ist ein schönes Beispiel, um zu sehen, inwieweit sich der Mensch diesbezüglich verändert hat. So eingeschränkt die damaligen Möglichkeiten waren, so groß sind heute die Möglichkeiten, andere Sprachen, Schriftarten und auch in diesem Falle Lesearten zu erlernen und sich so weiterzubilden.

Welchen Einfluss das Lesen auf uns hat

Das Lesen hat auf uns Menschen viele positive Auswirkungen. Der Autor G.R.R. Martin von „Das Lied von Eis und Feuer“ nannte diesbezüglich einen sehr schönen Satz. „Der Verstand braucht Bücher, wie ein Schwert den Schleifstein.“ Und er hat Recht. Denn auch das Gehirn muss leistungsfähig bleiben und daher trainiert werden.

Lesen hat nicht nur den Vorteil, dass Sie neue Dinge lernen. Nein, denn Lesen hält das Gehirn leistungsfähig. Die geistige Stimulation ist sehr wichtig und hält das Gehirn fit und aktiv. Das hat zur Folge, dass das Auftreten von Demenz oder Alzheimer verzögert werden kann. Es fördert außerdem die Fantasie und bringt Sie dazu, aktiv über den Inhalt des Buches nachzudenken.

Das Lesen kann zudem vorhandenen Stress verringern und für Entspannung sorgen. Sobald Sie in einem Roman eingetaucht sind, können Sie den Alltagsstress etwas vergessen und abschalten. Dies sorgt für eine tiefe emotionale Entspannung.

Sofern Sie Ihre Allgemeinbildung etwas vergrößern wollen, lohnt es sich auch hier, die Nase in Bücher zu stecken. Je nach Art des Buches, das Sie lesen, werden Sie immer wieder etwas Neues erfahren und an der einen oder anderen Stelle etwas Neues dazu lernen. Auch der Wortschatz wird durch das Lesen von Büchern und Texten positiv beeinflusst. Denn je mehr Sie lesen, desto größer wird er. Wenn Sie sich also gewählter ausdrücken und allgemein einen großen Wortschatz besitzen möchten, ist das Lesen genau das Richtige.

Ein weiterer Pluspunkt für den Leser ist der positive Einfluss auf das Schreiben. Denn je mehr Sie lesen, desto mehr Formulierungen kennen Sie. Ihr Sprachgefühl und das Stilempfinden werden besser. Schreiben Sie also beruflich und/ oder privat viel, hilft das Lesen Ihnen, die Qualität des Schreibens zu verbessern.

In einem Roman, in dem es viele verschiedene Charaktere und verschiedene Geschichten zu diesen gibt, müssen Sie sich viel merken. Das fordert dem Gehirn ganz schön was ab. Aufgrund der Tatsache, dass Sie sich beim Lesen viel merken müssen, um der Geschichte folgen zu können, wird das

Gedächtnis und im Allgemeinen die Fähigkeit, sich Dinge zu merken, gestärkt.

Die positiven Einflüsse des Lesens auf uns haben noch kein Ende. Denn besonders durch das Lesen von Krimis wird die analytische Fähigkeit trainiert. Doch auch die Konzentration und die Aufmerksamkeit werden positiv beeinflusst. Das ist vor allem in einer Zeit wie heute ein sehr großer Pluspunkt. Denn der heutigen Gesellschaft fällt es sehr schwer, sich längere Zeit auf eine Sache vernünftig zu konzentrieren. Schalten Sie also am besten Ihr Handy aus oder legen Sie es in einen anderen Raum. Begeben Sie sich in ein ruhiges Zimmer und fangen Sie an zu lesen. Selbst eine Zeit von ca. 30 bis 45 Minuten kann Ihnen dabei helfen, auch in anderen Lebenslagen Ihre Aufmerksamkeit zu verbessern. Dazu aber später mehr.

Wie das Speed-Reading gelingt

Das Lesen ist ein komplexer Vorgang im Gehirn. Die Expertin Prof. Dr. Ursula Christmann von der Universität Heidelberg beschreibt das Lesen wie folgt: „visuelle Informationen aus graphischen Gebilden zu entnehmen und deren Bedeutung zu verstehen". Demnach ist für das Speed-Reading die Teilung von dem Wahrnehmen visueller Informationen und dem Verstehen der Bedeutung maßgeblich.

In verschiedenen Kursen, in denen das Speed-Reading angeboten wird, berichten die Leser, dass Sie mehr von dem Text verstanden haben, wenn sie ihn zweimal schnell lesen, als wenn sie ihn einmal langsam lesen. Der Grund hierfür liegt im Gehirn, welches Informationen in Netzen abspeichert. Diese Erkenntnis stammt aus Lernforschungen von Herrn Frederic Vester. Er erschuf daher die Metapher des Wissensnetzes.

Nun kommt es allerdings nicht nur auf das Lesetempo an, sondern auch auf die Vorkenntnisse. Je mehr Sie vor dem Lesen schon über das Thema wissen, desto größer ist dazu auch Ihr Wissensnetz. Im Gehirn befinden sich sehr viele dieser Netze, die allerdings nicht alle gleichzeitig aktiv sein können. So wird Wissen, welches Sie länger nicht mehr gebraucht haben, von den neuen Wissensnetzen überlagert. Daher müssen Sie es beim Lesen eines Textes schaffen, dass die darin befindlichen Informationen nicht durch die „Löcher" des Wissensnetzes fallen, sondern wie bei einem Spinnennetz dort hängen bleiben. Keine Sorge, so schwer ist es gar nicht, neue Informationen in dem Netz zu integrieren. Um dies zu schaffen, muss Ihr Wissensnetz als Erstes über das Skimming aktiviert werden. Das Wort Skimming leitet sich von dem englischen Wort „to skim" ab, welches so viel bedeutet wie „abschöpfen". In diesem Zusammenhang, versteht man unter Skimmen das Überfliegen eines Textes in Höchstgeschwindigkeit. Sie schöpfen also alles Bekannte in diesem Text ab. Die Anwendung des Skimmens lohnt sich bei der Sichtung von Texten, aber auch immer dann, wenn Sie sich einen ersten Überblick über das Thema verschaffen wollen. Ganz besonderes lohnt es sich aber, um Ihr Gehirn für die Informationsaufnahme vorzubereiten. Natürlich können Sie nicht bewusst alle vorhandenen Informationen so in Ihrem Kopf behalten. Das ist jedoch auch gar nicht unbedingt notwendig. Denn durch das Skimming bereiten Sie Ihr Gehirn für die Informationsaufnahme vor. So werden die Wissensnetze in den Bereichen aktiviert, wenn Sie bereits bestimmte Begriffe kennen oder dort etwas schon Bekanntes geschrieben steht. Dies geschieht natürlich alles unbewusst. Lesen Sie den Text nun ein zweites Mal, kann sich das Gehirn für die korrekte Informationsaufnahme einstellen. Dies ist der Grund, weshalb es also sinnvoller ist, den jeweiligen Text lieber zweimal schnell als einmal langsam zu lesen.

Das Speed-Reading ist somit keine merkwürdige Wissenschaft, sondern es basiert lediglich auf der Umstellung und Schulung des eigenen Leseverhaltens und ist durchaus umsetzbar.

Was vielleicht auch Sie am Skimmen hindert

Der Grund, weshalb vielleicht auch Sie sich selbst unbewusst am Skimmen hindern, ist die erlernte Lesegewohnheit der Schulzeit. In der Schule geht es in erster Linie darum, den Text zu 100 Prozent zu verstehen. In diesem Fall macht es auch Sinn, denn die Schulbücher sind extra für den Lehrplan geschrieben worden und bauen linear auf das bestehende Vorwissen und die vorherigen Kapitel auf. Es sind also didaktisierte Texte. Bei diesen Texten ist das Skimmen schwierig bis nahezu unmöglich. Denn meistens ist es so, dass alles dort Geschriebene wichtig ist und nicht weggelassen werden kann. Nur ein komplett verstandener Text führt zu dem gewollten und angestrebten Lernfortschritt. Anders ist es bei wissenschaftlichen Büchern oder Texten. In diesen Büchern geht es in erster Linie um das Thema und nicht um die jeweilige Lernprogression des Lesenden. Nun ist es allerdings bei wissenschaftlichen Büchern eher unwahrscheinlich, dass Sie auf Anhieb alles darin verstanden haben. Es ist also notwendig, den Text noch ein zweites Mal oder ggf. auch ein drittes Mal zu lesen. Nun hindert allerdings der Anspruch an die eigene Person selbst, den Text direkt beim ersten Mal zu verstehen. Sie sind schließlich frustriert und Ihr Gehirn macht die Schotten dicht. Ist das der Fall, lehnt das Gehirn alles Neue ab und Sie können die verbesserte Informationsaufnahme vergessen. Doch es ist möglich, durch das Skimming in kurzer Zeit viel Text mit den Augen zu erfassen. Wichtig hierbei ist nur, dass Sie sich darauf einstellen, dass Sie nach dem ersten Lesen nicht so viel verstehen. Dadurch bleibt die Frustration aus und Sie geraten nicht in das „blockierende Verhalten“ des Gehirns. Hierbei fällt auf, dass wenn der schulische Lernansatz so sehr in der Persönlichkeit verankert ist, dass das Überfliegen des Textes diesen Menschen deutlich schwerer fällt und sie sich darauf deutlich schwerer einlassen können. Aber wie immer lohnt es sich, nicht zu verzweifeln. Denn es gibt Übungen, die die Frustrationsgrenze automatisch senken und so das Gehirn allgemein offener und empfänglicher für neue Informationen machen. Zu diesen Übungen aber später mehr.

Text-Skimming mit 400 WpM

Das Ziel ist also, mit dem Skimming die Lesegeschwindigkeit auf 300 bis 400 Wörter pro Minute zu erhöhen. Beim Skimming geht es nicht darum, jedes einzelne Wort zu lesen. Viel mehr versucht der Leser im Text alle Zeilen „durchzugehen“, aber nur die wichtigsten Informationen aufzunehmen. Unwichtige Details werden so ignoriert und der Leser ist in der Lage dem Text die wichtigsten Punkte zu entnehmen, ohne seine Zeit mit unwichtigen Eckdaten zu verschwenden. Es gibt verschiedene Übungen, damit Sie dieses Ziel erreichen können. Eine Art der Übung vergrößert Ihre Blickspanne. Hierzu kann man sagen: Umso mehr Sie mit einem Blick erfassen können und je größer die Einheiten sind, desto schneller können Sie den Text auch lesen.

Wichtig für diese Technik ist natürlich die Konzentration und auf jeden Fall jede Menge Übung. Dies ist selbstverständlich nicht leicht, daher ist es empfehlenswert, wenn der Leser einen Text skimmt, den er ohnehin schon kennt.

Für diese Übung können Sie ein Buch nehmen, das Sie bereits gelesen haben. Versuchen Sie erst einmal eine Seite mit einer erhöhten Geschwindigkeit zu lesen – ignorieren Sie unwichtige Details und halten Sie am Hauptgedanken des Textes fest. Diese Übung ist perfekt, denn der Text ist nicht ungewohnt für Sie. Es wird Ihnen also leichter fallen, den Text sinngemäß zu verstehen, auch, wenn Sie sich nicht wie gewohnt Zeit lassen. Mit der Zeit werden Sie automatisch merken, welche Informationen für das Textverständnis irrelevant sind. Auch wird sich Ihre Lesegeschwindigkeit stetig verbessern, sodass Sie diese Technik alsbald an einem unbekannten Schmöker ausprobieren können.

Verständnis beim Lesen, so macht der Text einen Sinn

Ob der Text gut verstanden wird, hängt sowohl von der Lesbarkeit des Textes als solches als auch von dem bestehenden Vorwissen ab. Lesen Sie also beispielsweise einen Text über die Stringtheorie oder die Quantenmechanik, der dazu auch noch sehr unleserlich geschrieben ist, werden Sie wahrscheinlich nicht viel bis gar nichts aus dem Text verstehen. Außer Sie sind ein guter Physiker.

Die Lesbarkeit eines Textes verbessert sich, wenn die Satzstrukturen nicht zu lang gewählt werden. Sind die Sätze also kurz und knapp, sind sowohl die Lesbarkeit als auch das Textverständnis deutlich besser als bei Bandwurmsätzen. Die Lesbarkeit von Texten kann durch einen sogenannten Lesbarkeitsindex gemessen werden. Dieser Lesbarkeitsindex, der nach seinem Erfinder Rudolf Flesch benannt wurde, beschreibt und drückt die Lesbarkeit eines Textes in Form von Zahlen aus und nennt sich „Flesch-Grad".

Das „mentale Lexikon" ist eine Art persönliches Netzwerk, welches das bereits erlernte und das miteinander verbundene Wissen kombiniert. Dieses Netzwerk beinhaltet somit alle wichtigen Informationen zu den bekannten Begriffen wie das Aussehen, die Aussprache und die Bedeutung. Man kann folglich sagen, dass das mentale Lexikon alle bekannten Begriffe in einem Kontext einbettet. Ebenso sind alle einzelnen Begriffe mit ihren Eigenschaften und den umgebenen Begrifflichkeiten in diesem Netzwerk miteinander verknüpft. Je größer also Ihr Vorwissen ist, desto größer ist schließlich auch Ihr Wissensnetz, wodurch Sie das Gelesene besser verstehen und einordnen können.

Welche Aufgabe haben die Augen beim Lesen?

Wie Sie vielleicht schon wissen, ist das Lesen eine komplexe Aufgabe für das Gehirn. Doch auch das Auge hat eine große Aufgabe während des Lesens und sollte daher nicht unterschätzt werden. So fokussiert das Auge während des Lesens staccatoartig jedes einzelne Wort und jede Textstelle. Nach dem Fokussieren folgt die Wahrnehmung des Wortes oder der Textstelle, anschließend „springt“ das Auge weiter.

Dieser Vorgang wird bis zum Ende des Textes beibehalten. Wissenschaftler haben das Lesen in unterschiedliche Abschnitte unterteilt. So umfasst es das Innehalten, die Fixation des Wortes, das anschließende Weiterspringen zum nächsten Wort und die Sakkade. Der Unterschied zwischen der Fixation und den Sakkaden ist folgender. Die Fixation dauert in der Regel etwa 200 bis 300 Millisekunden und umfasst im Schnitt acht Wörter. Dies wird unter Experten und in Fachkreisen als „Wortidentifikationsspanne“ bezeichnet. Dieser Vorgang macht etwa 90 Prozent des Lesens aus und dient der Informationsaufnahme. Die Sakkaden wiederum dauern in der Regel nur etwa 30 Millisekunden. Also deutlich weniger. Während das Auge die Sakkade vornimmt, ist es blind. Es muss sich also erst an der neuen Textpassage „scharfstellen“. Unter den Regressionen versteht man die rückwärts laufenden Sakkaden. Bei diesen Sakkaden springt das Auge an einen schon gelesenen Abschnitt zurück. Ein mangelndes Textverständnis ist die häufigste Ursache für die Regression. So nimmt sie den dritten Teil des Lesevorgangs ein. Die Wortidentifikationsspanne ist nicht mit der Blickspanne zu verwechseln. Die Blickspanne ist bei dem Speed-Reading der wichtigste Faktor, denn je größer die Blickspanne ist, desto schneller können Sie den Text lesen.

Blickbewegungen kontrollieren

Wenn Sie in Biologie aufgepasst haben, wissen Sie, dass nicht die Augen sehen, sondern dass das Gehirn dafür zuständig ist, Dinge zu erkennen. Man kann also sagen, die Augen nehmen die Bilder auf wie eine Kamera, die dann schließlich in dem Gehirn durch eine Vielzahl von Verarbeitungsschritten analysiert, interpretiert und verstanden werden. Aus diesem Grund ist es auch möglich, dass es selbst bei intakten Augen in gewisser Weise zu Wahrnehmungsschwierigkeiten kommt. Aufgrund der Tatsache, dass die menschlichen Augen nur einen sehr kleinen Bruchteil des gesamten Sichtfeldes scharf erkennen können, springen die Augen in drei bis fünf Sakkaden pro Sekunde die Umgebung ab. Diese Blicksprünge werden von dem Gehirn gesteuert und schließlich zu einem Gesamtbild zusammengefasst. Davon merken Sie bewusst gar nichts. Die Hirnforschung hat ergeben, dass rund 40 Prozent der Hirnrinde ausschließlich mit der Verarbeitung von Signalen von den etwa 240 Millionen Sinneszellen der Augen und von der Steuerung der Augenbewegung beschäftigt ist. Jedes Auge besitzt etwa 120 Millionen Sinneszellen. Bei den Pro- und Antisakkaden konnten multimodale Verteilungen durch die Bestimmung von Reaktionszeiten festgestellt werden. Das bedeutet, dass bei der Blicksteuerung und den Blicksprüngen verschiedene Prozesse im Gehirn ablaufen, die zudem verschiedene „Bearbeitungszeiten" aufweisen.

Vor allem im Kindesalter ist die Blicksteuerung, vor allem die willentliche Komponente, besonders stark ausgeprägt. Diese Blicksteuerung wird hauptsächlich von höheren Hirnfunktionen beeinflusst und ist in den ersten Schuljahren am stärksten ausgeprägt. Allerdings kommt es auch bei manchen Kindern vor, dass sich die Funktionen für die Blicksteuerung schwächer und langsamer entwickeln, als es üblich ist. Hier ist es insbesondere durch das Frontalhirn gesteuerte willentliche Komponente. So ergeben sich bei etwa 20% - 50% der Kinder, die unter Legasthenie leiden, und bei etwa der Hälfte der Kinder, die unter einer Rechenschwäche und unter dem Aufmerksamkeitsdefizitsyndrom leiden, diese Defizite in der Blicksteuerung. Doch auch andere Entwicklungs- und Lernstörungen können diese veränderte Blicksteuerung verursachen. Mit dem Blicktraining werden bessere Voraussetzungen für die pädagogische Förderung geschaffen. Hierfür können die

Betroffenen das FixTrain Gerät für mehrere Wochen ausleihen. Bei etwa 200 Nachuntersuchungen konnte eine Besserung von etwa 85% erzielt werden. Dieses Blicktraining wirkt jedoch nur auf die spezifischen Blickkomponenten des individuellen Trainings. Doch durch dieses Training konnten bedeutende Unterschiede bei den rechtschreibschwachen Kindern gemacht werden. Sie konnten so die gemachten Fehler auf die Hälfte reduzieren.

Das tut Ihr Gehirn beim Lesen

Auch für Sie ist das Lesen und Schreiben alltäglich. Doch haben Sie schon einmal darüber nachgedacht, welche Aufgabe das Gehirn bei diesen Tätigkeiten übernimmt? Tatsächlich sind das Lesen und das Schreiben sehr komplexe Fähigkeiten, denn während Sie etwas lesen oder schreiben, muss das Gehirn eine Vielzahl von Denk- und Wahrnehmungsfunktionen ganz genau aufeinander abstimmen. Dazu zählen unter anderem die phonologische Wahrnehmung, die grundlegenden visuellen Fähigkeiten und das Arbeits- und Langzeitgedächtnis.

Aufgrund der vielen Funktionen, die unser Gehirn währenddessen erledigen muss, dauert es in der Regel auch mehrere Jahre, bis sich das Schreiben und Lesen so eingeprägt hat, dass Sie es mühelos beherrschen. Doch sobald Sie das Lesen und Schreiben erlernt haben, hat dies auch Auswirkungen auf die Funktionen und die Struktur des Gehirns. Lesen verbessert dazu noch die phonologische Bewusstheit deutlich. Die phonologische Bewusstheit beschreibt die Fähigkeit, bestimmte Lautstrukturen in der Sprache zu erkennen. Auffallend hierbei ist, dass es Menschen, die an einer Lese-Rechtschreib-Störung, kurz LRS, leiden, deutlich schwerer fällt diese Lautstrukturen zu erkennen und zu unterscheiden. Dies beschreibt John F. Stein in der Universität Oxford jedoch lediglich als Nebeneffekt der LRS und nicht als die Ursache für diese Schwäche. Es gibt allerdings gewisse Parallelen zwischen Menschen mit einer Lese-Rechtschreib-Schwäche und Analphabeten. Dazu zählt unter anderem das verbale Kurzzeitgedächtnis. Schwer fallen ihnen die Wahrnehmung von Kategorien, das schnelle Benennen-Können von Bildern, Symbolen und Farben, das Wiederholen sogenannter Pseudowörter sowie das Beenden angefangener Sätze. Auffallend sind diese Eigenschaften vor allem im Vergleich mit den Menschen, die nicht unter einer LRS oder Analphabetismus leiden. Dazu muss aber erwähnt werden, dass es auch hier wieder nicht als Ursache für die Problematik gilt, sondern dass es die Folge durch die mangelnde oder schlechte Leseerfahrung ist.

Weiterhin ist sehr interessant, dass das Gehirn bei bildlichen Schriften wie den Hieroglyphen von früher oder den Piktogrammschriften der Chinesen und Kanji der Japaner von heute ganz anders beansprucht wird als bei unserer Alphabetschrift. Bei den Piktogrammschriften tragen somit die

Schriftzeichen und die bildlichen Darstellungen bereits ihre Bedeutung. Daher sind diese Piktogrammschriften für das Gehirn einfacher zu verwerten und zu verstehen, da das Bildliche bereits mit der dazugehörigen Bedeutung gekoppelt ist. Der Unterschied zwischen den Piktogrammschiften und den Alphabetschriften ist allerdings recht groß. Die beanspruchten Hirnareale sind von Grund auf verschieden. So beansprucht die Piktogrammschrift zum größten Teil die rechte Gehirnhälfte, während die Alphabetschrift hauptsächlich die linke Gehirnhälfte beansprucht.

In Japan gibt es neben der klassischen chinesischen Schrift des Kanji auch noch zwei alphabetartige Schriften. Das sind die Katagana und die Hiragana. In japanischen Untersuchungen ergab sich, dass interessanterweise bei einer Störung der rechten Gehirnhälfte nur die Fähigkeit des Lesens der Kanji verloren geht, jedoch nicht der Katagana oder der Hiraganaschrift. Bei den Alphabetschriften ist dieses nicht bekannt, lässt aber darauf deuten, dass das Gehirn in verschiedenen Teilen der Welt, wo andere Lese- und Schreibarten existieren, in sehr unterschiedlicher Art und Weise beansprucht wird und arbeitet.

Regelmäßiges Lesen verbessert und steigert zudem den Signalaustausch der verschiedenen Hirnregionen. Denn selbst das Erkennen und Entziffern von einzelnen Wörtern aktiviert die linke Gehirnhälfte und folglich viele weitere Bereiche des Gehirns. Das Gehirn simuliert beim Lesen von Geschichten fiktive Geschehen wie Handlungen der Figuren. Der prämotorische Cortex wird beim Lesen von Geschichten angeregt. Dieser ist eine Region der Hirnrinde, der zwischen dem primär motorischen und dem präfrontalen Cortex liegt. Der prämotorische Kortex jedoch ist maßgeblich für eine erhöhte geistige Leistung und auch den Perspektivenwechsel verantwortlich.

Wie Analphabeten Texte analysieren

Laut Berechnungen können in Deutschland rund 7,5 Millionen Menschen weder richtig schreiben noch lesen. Um Ihnen das Ganze noch etwas genauer zu verdeutlichen, können von diesen rund 7,5 Millionen Menschen rund 5 Millionen nur kurze einzelne Sätze sowohl lesen als auch schreiben. Die nächsten zwei Millionen Menschen schaffen es nicht, kurze Sätze zu schreiben oder zu lesen. Die restlichen 500.000 Menschen scheitern bereits daran. Wenn man sich nicht alleine zurechtfindet, wird der Alltag zu einer großen Herausforderung. So gilt man dann als funktionaler Analphabet. Doch warum ist das so? Was unterscheidet Analphabeten von „normalen" Lesern? Von Analphabetismus wird gesprochen, wenn die jeweilige Person zwar in der Lage ist, einzelne Wörter zu schreiben und zu lesen, allerdings keine ganzen Sätze lesen oder schreiben kann. Hierfür muss erstmal der Begriff Analphabetismus genauer beschrieben werden, denn er kann sich im Einzelnen unterscheiden.

So wird unter dem totalen oder primären Analphabetismus die komplette Unkenntnis der Schrift verstanden. Dazu muss man aber sagen, dass diese Form in den modernen Industrienationen kaum auftritt. Unter dem sekundären Analphabetismus werden die Menschen verstanden, die im Kindesalter zwar lesen und schreiben gelernt haben, aber es schließlich als Jugendliche oder als Erwachsene wieder verlernt oder vergessen haben.

Der Begriff funktionaler Analphabetismus bezieht sich lediglich auf eine Unfähigkeit, kurze Sätze zu schreiben und zu lesen. Die betroffenen Personen sind in diesem Fall selbst bei einfachen schriftlichen Anweisungen überfordert und können so nur bedingt am gesellschaftlichen Leben teilhaben.

Hat das Speed-Reading auch Nachteile?

Das Speed-Reading ist bei vielen Menschen noch unbekannt oder es ist mit gewissen Vorurteilen behaftet. Viele denken unter anderem, dass sie so kein Verständnis mehr für den Text entwickeln, da sie sich nicht so viel in so kurzer Zeit merken können. Außerdem hört man immer öfter, dass es bei poetischen und literarischen Texten ungeeignet ist, im wissenschaftlichen Bereich und Detektivgeschichten nicht angewendet gelesen werden kann. Ebenso hört und liest man, dass bei schwierigen und komplizierten Texten das normale Lesetempo wieder angenommen werden muss und dass es für ein entspanntes Lesen sowieso völlig ungeeignet ist.

Das mag bei den Anfängern unter den „Speed-Readern" mit Sicherheit auch so sein. Aller Anfang ist schwer. Doch die Menschen, die das Speed-Reading beherrschen, berichten genau das Gegenteil. Hinzu kommt noch, dass sie dieses auch mit den absolvierten Tests bestätigen. Sie haben trotzdem ein großes Textverständnis und können sich das Gelesene gut merken.

So funktioniert das Speed-Reading

Damit Sie Ihre Lesegeschwindigkeit erhöhen können, müssen Sie verschiedene Techniken anwenden und am Ball bleiben. Diese verschiedenen Techniken sollen die Faktoren der Lesegeschwindigkeit beeinflussen und unterscheiden sich nach der Leseart und dem Lesetempo.

Die verschiedenen Arten des Speed-Readings / Schnelllesens

Experten kategorisieren das Speed-Reading in 3 Kategorien. Diese 3 Kategorien sind das „normale Schnelllesen", „optische Zeilenlesen" und „optische Schnelllesen". Das optische Schnelllesen wird wiederum in 2 Gruppen unterteilt.

DAS NORMALE SCHNELLLESEN:

Wie der Name schon vermuten lässt, ist das schnelle Normallesen ähnlich wie Sie sich das normale Lesen auch vorstellen. Bei dieser Art des Lesens gleitet das Auge von links nach rechts in die Fixation und Sakkaden des Textes und identifiziert so die Wörter und kleine Wortgruppen. Im Schnitt erfasst das Auge bei dieser Durchführung acht Wörter zu einer Wortgruppe zusammen.

DAS OPTISCHE ZEILENLESEN:

Bei dem optischen Zeilenlesen ist das Subvokalisieren verboten. Eine größere Wortidentifikationsspanne sorgt dafür, dass Sie bei jeder Fixation mehrere Wörter in einer Zeile mit dem Auge erfassen können - bei einem sonst normalen Lesevorgang.

DAS OPTISCHE SCHNELLLESEN:

Auch bei dieser Leseart ist das Subvokalisieren verboten. Es wird die gesamte Blickspanne genutzt, um mehrere Wörter in mehreren Zeilen bei der Fixation, zu erfassen.

DAS KLEINE SCHNELLLESEN:

Das kleine Schnelllesen umfasst das schnelle Normallesen. Hierbei wird die Rauding-Rate trainiert und auf einen höheren Wert gebracht. So sind beim kleinen Schnelllesen 600 Wörter pro Minute möglich. Diese Form wird in vielen Seminaren und Büchern beschrieben.

DAS GROẞE SCHNELLLESEN:

Zu dem großen Schnelllesen gehört sowohl das optische Zeilenlesen als auch das optische Schnelllesen. Diese Form des Schnelllesens kann allerdings nur mit einer ausbleibenden Subvokalisation, also mit dem Ausbleiben des innerlichen Mitsprechens der gelesenen Wörter, also auch mit einer erhöhten Wortidentifikationsspanne erreicht werden. Wenn Sie diese Punkte richtig umsetzen können, sollten 1000 Wörter pro Minute möglich sein.

DAS LESEMANAGEMENT:

Beim Lesemanagement wird anders als bei dem kleinen und großen Schnelllesen das Gelesene beeinflusst. Daher handelt es sich nicht um das klassische Speed-Reading, sollte aber vollständigkeitshalber mit erklärt werden. Um bei dieser Art die Lesegeschwindigkeit zu erhöhen, werden unwichtige Textpassagen ausgelassen. Hier muss allerdings erwähnt werden, dass diese Art des Steigerns des Lesetempos immer mit einem gewissen Risiko einhergeht.

Denn es kann unbeabsichtigt auch immer mal was Wichtiges ausgelassen und übersehen werden. Dennoch kann es durch diese Möglichkeit erreicht werden, viel Lesestoff abzuarbeiten ohne einem langen Lernprozess nachzugehen, wie es bei dem klassischen Speed-Reading der Fall ist.

Mögliche Leserichtungen

Um alles vollständig zu erklären werden Ihnen hier noch weitere Leserichtungen aufgeführt. Sie haben nicht direkt etwas mit Speed-Reading zu tun, sollten aber für das Verständnis nicht fehlen.

DIE ZICK-ZACK-METHODE

Die Zick-Zack-Methode umfasst eine variable Zahl an Zeilen, wo das Auge dann in Zick-Zack-Sprüngen von rechts nach links springt.

DIE S-METHODE

Bei der S-Methode werden zunächst zwei Zeilen von links nach rechts erfasst. Als nächstes werden die nächsten beiden Zeilen schließlich von rechts nach links gelesen.

Die Schleifen-Methode

Die Schleifen-Methode ähnelt der Zick-Zack-Methode. Sie beginnt jedoch auf der rechten Seite und wird schließlich rhythmisch gehalten.

VERTIKALE WELLENBEWEGUNGEN

Bei dieser Lesemethode werden die Augen in rhythmischen Wellen von links nach rechts gleichmäßig über den Mittelteil des Textes bewegt. Diese Methode ist sehr praktisch, denn sie kombiniert das Vorwärts-Rückwärts-Lesen und beansprucht sogar das horizontale sowie das periphere Sehvermögen.

DIE LANGSAME S-METHODE

Die langsame S-Methode kann als Erweiterungs-Methode der vertikalen Wellen und der Zick-Zack-Methode bezeichnet werden. Hier werden zwei Elemente aus diesen Methoden kombiniert. Es wird also auf der Textseite nach unten eine lange Reihe umgedrehter und normaler „S“ gebildet. Üblich ist es, dass Sie bei dieser Methode schließlich mit fünf leicht vertikalen Bewegungen oder horizontalen Bewegungen bis an das Seitenende gelangen.

DIE METHODE DER BEIDSEITIGEN LESEHILFE

Diese Methode ist auch unter dem Namen der beidseitigen Führungs- oder Randtechnik bekannt. Hier werden zwei Lesehilfen verwendet, die meistens auf der einen Seite aus einem Finger und auf der anderen Seite aus einer normalen Lesehilfe bestehen. Hier wandern nun beide Lesehilfen gleichzeitig und gleichmäßig an den Seitenrändern herunter. Das Auge hat währenddessen die Aufgabe, die dazwischenliegenden Informationen zu dem Text zu erfassen. Damit auch Ihr Gehirn die Bewegung der Augen bestimmen soll, eignet sich diese Lese-Methode besonders.

Wie schnell auch Sie mit dem richtigen Training schnell lesen könnten

Wie schnell Sie tatsächlich lesen, hängt natürlich von der Leseart ab. Für das kleine Schnelllesen gelten 600 Wörter pro Minute als Richtwert. Dieser Wert wird von Seminaranbietern wie Herrn Wolfgang Schmitz für realistisch gehalten. Allerdings muss man dazusagen, dass dies im Vergleich zum Durchschnitt mindestens mit einer Verdopplung der Lesegeschwindigkeit einhergehen muss.

Wie viele Wörter Sie nun beim großen Schnelllesen schaffen, ist nicht ganz leicht zu beantworten. Der Grund hierfür ist unter anderem, dass es kaum Studien gibt, die die Lesegeschwindigkeit von Schnelllesern untersucht haben. Die genannten Zahlen basieren auf Erfahrungswerten und sind nicht anhand von speziellen Studien zu belegen. Ein weiterer Grund, weshalb eine Aussage hierzu schwierig ist, ist die Tatsache, dass beim großen Schnelllesen der Übergang zum Überfliegen des Textes fließend weitergeht. Jedoch ist das Ziel des Speed-Readings, eine nach Möglichkeit hohe effektive Leserate zu erreichen.

Aus den genannten Gründen basieren die Zahlen im Hinblick auf das Schnelllesen auf Schätzungen aus rein experimentellen Studien und auf Aussagen von Schnelllesern.

So sollten Sie bei dem optischen Zeilenlesen etwa 900 Wörter pro Minute schaffen. Bei dem optischen Schnelllesen jedoch sind rund 1500 Wörter in der Minute im Bereich des Machbaren. Das bedarf allerdings viel Zeit und gutes Training.

Kann die Lesegeschwindigkeit bestimmt werden?

Die Zeit, die Sie sparen, wenn Sie das große Schnelllesen anwenden, hängt zum einen natürlich von dem Lesetempo ab, aber zum anderen auch von Ihrem Verständnis. Bleibt das Textverständnis bei einer zu hohen Lesegeschwindigkeit auf der Strecke, sollten Sie lieber einen Gang zurückschalten. Um auf die Frage „Kann die Lesegeschwindigkeit gemessen werden" zurückzukommen, jain. Die Lesegeschwindigkeit können Sie natürlich mit Hilfe einer Stoppuhr messen. Allerdings sagt die gemessene Zeit nichts darüber aus, ob es auch effektiv war und Sie das Geschriebene verstanden haben. Am besten ist es also, wenn Sie Ihre Leseerfolge mit der effektiven Leserate errechnen. Denn die effektive Leserate setzt das Lesetempo in Relation zu Ihrem Verständnis.

Ein kleines Beispiel. Lesen Sie beispielsweise 500 Wörter in der Minute, verstehen aber nur 50 Prozent von dem Gelesenen, liegt die effektive Leserate bei rund 250 Wörtern pro Minute.

Die effektive Leserate wird wie folgt berechnet:
Lesetempo (in Wörtern pro Minute) * Verständnis (in Prozent) = effektive Leserate (in Wörtern pro Minute)
effektive Leserate = Lesegeschwindigkeit * Verständnis

Die Lesegeschwindigkeit und das Textverständnis

Damit Sie Ihre Lesegeschwindigkeit einschätzen können, empfiehlt es sich, eine Stoppuhr zur Hand zu nehmen und einen Text zu lesen, der über mehrere Seiten geht. Wichtig hierfür ist jedoch, dass Sie, bevor Sie anfangen zu lesen, die Wörter zählen, damit Sie anschließend die Wortanzahl durch die Lesezeit teilen können. Das Ergebnis ist anschließend das Lesetempo in Wörtern pro Minute. Das vernünftige und aussagekräftige Messen des Textverständnisses ist nicht möglich. Es gibt Varianten, bei denen Sie anhand eines Fragenkataloges erkennen können, ob Sie den gelesenen Text verstanden haben. Allerdings ist dies natürlich nicht ausreichend aussagekräftig. Sie sollten sich am besten nach Ihrem Gefühl orientieren. Haben Sie das Gefühl, kaum oder nur wenig verstanden zu haben, sollten Sie doch etwas langsamer lesen, um das Verständnis aufzuholen. Auch bei dem Textverständnis eignet sich die Errechnung der effektiven Leserate. Anhand dieser können Sie sich schließlich immer selbst vergleichen und schauen, ob und inwiefern Sie sich verbessern. Es ist außerdem ratsam, Bilder und Diagramme oder andere Schaubilder eingehend zu betrachten, sofern Sie vorhanden sind. Wie sagt man so schön? Ein Bild verrät mehr aus 1000 Worte. Genauso ist es, sie liefern sehr viele Informationen – und dabei müssen Sie gar nicht lesen.

Wie auch Sie Speed-Reading lernen können

Es ist möglich, dass Sie Ihre effektive Leserate innerhalb von ein paar Wochen um rund 50 Prozent steigern können. Dies sagen Experten nach aktuellen Forschungen und Befragungen. Es hängt allerdings davon ab, wie schnell Sie von Anfang an lesen. Also von welcher Geschwindigkeit das Training ausgeht. Vor allem für die langsamen Leser empfiehlt es sich daher, an ihrem allgemeinen Lesetempo zu arbeiten. In Deutschland liegt der Durchschnitt bei etwa 250 gelesenen Wörtern pro Minute. Gelingt eine Verbesserung der Lesegeschwindigkeit um rund 50 Prozent, steigt der Wert der gelesenen Worte somit auf 375 die Minute. Nach diesen Ergebnissen würden Sie also einen Text mit 1000 Wörtern innerhalb von 2:40 Minuten lesen, wobei Sie 1:20 Minuten sparen - also 50 Prozent. Hier ist die gesparte Zeit nicht so deutlich. Doch bei einem Text mit rund 90 000 Wörtern, sparen Sie ganze 120 Minuten.

Tipps und Tricks fürs Speed-Reading

Damit Sie lernen, schneller zu lesen und das Speed-Reading anzuwenden, gibt es einige brauchbare Tipps und Tricks, die Ihnen folgend näher erläutert werden.

ZEITLIMIT SETZEN

Setzen Sie sich ein Zeitlimit, welches Sie sich für den zu lesenden Text geben, denn dies vermindert Abschweifungen vom Text und zwingt Sie zur Selektion. Allein durch das Zeitlimit wird bereits ein kleiner Anstieg der Leserate erreicht.

REGRESSION UND SUBVOKALISATION

Ein weiterer Tipp ist, dass Sie das Zurückspringen im Text, aber auch das innerliche Mitsprechen, also das Subvokalisieren, unbedingt vermeiden sollten. Denn dies hindert Sie ungemein daran, schnell den Text durchzulesen. Hier können Sie zur innerlichen Ablenkung Kaugummi kauen, dies beschäftigt nämlich die Kiefermuskeln, die bei dem Subvokalisieren benötigt werden. Sollten Sie etwas nicht ganz verstanden haben, lesen Sie erst weiter. Denn vieles ergibt sich schließlich später aus dem Zusammenhang. Sollte das nicht passieren und Sie müssen den Inhalt gut verstehen, können Sie im Text zurückspringen. Halten Sie sich aber dabei nicht zu lange auf.

ERWEITERUNG DER BLICKSPANNE

Versuchen Sie Ihren Fokus auf sinnvolle Wortgruppen aufzuteilen. Denn die Fixation jedes einzelnen Wortes verbraucht viel Zeit. Sie können zur besseren Erfassung von Wortgruppen eine Lesehilfe verwenden. Diese erleichtert es Ihnen, den Überblick zu behalten und gleichmäßiger die Wortgruppen zusammenzufassen.
Um die Blickspanne schließlich zu erweitern ist etwas Training notwendig. Hierfür nehmen Sie sich bitte eine Karteikarte.

Sobald Sie die Karteikarte in der Hand haben, geht es los. Legen Sie die Karteikarte auf das erste Wort und decken Sie die Karte blitzartig auf und direkt wieder zu. Hier ist das Ziel, zu versuchen, ob Sie das Wort erkennen. Kontrollieren Sie also, nachdem Sie es aufgedeckt haben, ob es richtig ist. Nun gehen Sie die Liste weiter runter, bis Sie an ein Wort gestoßen sind, welches Sie nicht mehr richtig erfassen konnten. Somit entspricht das zuletzt wahrgenommene Wort Ihrer momentanen Blickspanne.

Ei
Tür
Haar
Brand
Freude
Tanzen
Streiten
Gutenberg
Dornröschen
Bohnenkaffee
Hängeschaukel
Rückwärtsgang
Gelegenheitskauf
Weinflaschenregal
Autobahnraststätte
Grundstückseinfahrt
Ernährungsgewohnheit
Restmülltütenverschluss
Aufmerksamkeitsdefizitsyndrom
Telekommunikationsdienstleistung

Nun kommt die Steigerung zu der vorherigen Übung. Nehmen Sie sich wieder die Karteikarte und legen Sie diese auf die entsprechende Spalte, die Ihrer Blickspanne entspricht.

Sollten Sie bei der zweiten Spalte anfangen, üben Sie es bis einschließlich zur vierten Spalte. Denn auch wenn Sie diese Begriffe noch nicht richtig erfassen können, hilft es Ihnen, Ihre Blickspanne zu erweitern und Fortschritte zu erzielen.

Pfeffermühle	Boxhandschuh
Sommerschuh	Maschendraht
Rasenmäher	Eichhörnchen
Frischkäse	Thermometer
Tintenklecks	Linseneintopf
Brillenetui	Verkaufserlös
Briefbeschwerer	Vollmilchschokolade
Biberstaudamm	Buchstabenhäufigkeit
Freiheitsgefühl	Verschwörungstheorie
Mühlenradantrieb	Protestdemonstration
Rundstricknadeln	Angestelltenposition
Überlebenskünstler	Verkehrsinfrastruktur

Wie zum Beispiel:
Sie sollten versuchen | mehrere Wörter gleichzeitig | zu erfassen | und über die Zeilen | zu schweifen. | Denn so | lesen Sie die Wörter | alle auf einmal.

DAS CHUNKEN TRAINIEREN

Das Chunken stellt bei den meisten Menschen das größte Hindernis dar. Die Umstellung, mehrere Wortgruppen gleichzeitig zu erfassen, ist vor allem am Anfang sehr schwer und bedarf damit sehr viel Training und einen guten Übungsplan. Der Grund ist meistens der, dass in der Schule das Lesen anders beigebracht wird. Dort steht es im Vordergrund, jedes einzelne Wort mit den Augen zu erfassen und dieses zu subvokalisieren.

Um das Chunken zu trainieren, nehmen Sie auch hier wieder eine Buchseite und teilen Sie diese in drei Spalten auf, sodass jede Zeile gedrittelt wird. Am besten eignen sich für den Anfang einfache Taschenbücher. Fixieren Sie nun jede einzelne Zeile dreimal. Dies sollte in einem rhythmischen Takt geschehen, dieser Takt erleichtert es Ihnen, gleichmäßig über den Text zu gleiten. Sie können dieses Training somit als eine Art physisches Blicktraining ansehen. Das Ziel ist hierbei, die Augen umzugewöhnen. Sie sollen in Zukunft mehr in die Breite gucken.

Bei dem nächsten Schritt sollten Sie die Geschwindigkeit verringern und mehr auf die Zusammenhänge der Wortgruppen achten. Als Hilfestellung sollten Sie hierfür Satzzeichen, feststehende Redewendungen oder

Substantive nutzen. Am Anfang wird es Ihnen sicher noch etwas schwer fallen, doch nach einiger Zeit der Übung werden Sie merken, wie aus dem anstrengenden Chunken nach und nach ein Flow-Gefühl eintritt und Sie sich so mehr auf den Text konzentrieren können und auch mit den Gedanken schließlich in dem Text versinken.

VERBESSERN SIE IHREN WORTSCHATZ

Sollte Ihr Wortschatz sich in Grenzen halten, ist es sinnvoll, diesen aufzubessern. Denn je größer Ihr Wortschatz ist, desto besser ist das Textverständnis. Vor allem bei Fachtexten oder Fremdsprachen macht es Sinn, denn das Nachschlagen verbraucht viel Zeit. Ihr Wortschatz vergrößert sich automatisch, wenn Sie mehr Bücher und Texte lesen.

TEXTE VISUALISIEREN

Das Visualisieren von Texten hilft bei dem Verständnis und dabei, sich an das Gelesene im Nachhinein gut zu erinnern. Lesen Sie also einen Text und assoziieren ihn mit vorstellbaren Bildern, wird es Ihnen helfen, sich das Gelesene länger einzuprägen.

KONZENTRATION

Sie sollten beim Lesen den Kopf frei von anderen Dingen haben. Dies ist unnötiger Ballast, der Ihnen die Konzentration raubt, wodurch wiederrum das Textverständnis möglicherweise leidet. Sind Sie also durch eine andere Sache abgelenkt, versuchen Sie, Ihren Fokus auf den Text zu leiten und Struktur in den Kopf zu bringen. Das wird Ihnen beim schnelleren Lesen und dem Verständnis helfen.

Sie kennen das sicher auch. Sie lesen so vor sich hin und Ihre Gedanken nehmen die Selbstständigkeit an. Sie wissen nicht mehr, was auf den vorherigen Seiten stand. Es kann durchaus gesagt werden, dass beim langsamen Lesen die Gedanken häufig abschweifen und man über ganz andere Dinge nachdenkt. Der Tipp hierbei ist, dass Sie versuchen, möglichst aktiv zu lesen. Das bedeutet, dass Sie schon am Anfang des Textes nach Antworten suchen sollten. Eine gute Konzentration und ein bestehender Fokus sind sehr wichtig. Mehr zu dem Thema Konzentrationsübungen und Fokusaufbau finden Sie weiter hinten im Buch.

SELBSTSICHERHEIT BEIM LESEN

Lassen Sie sich nicht verunsichern, wenn Sie den Text nicht so ganz verstanden haben. Sie werden in Zukunft immer besser werden und dann auch verschiedene Texte in kürzerer Zeit besser verstehen. Es ist normal, dass man am Anfang noch ein paar Schwierigkeiten hat. Mit ausreichender Übung und genügend Wiederholungen werden Sie die ersten Erfolge bereits schnell entdecken.

LIEBER EINMAL MEHR ALS EINMAL ZU WENIG

Lesen Sie lieber den Text zweimal schnell durch als einmal langsam, denn durch das doppelte Lesen können Sie sich den Inhalt besser merken.

LASSEN SIE DIE AUGEN SELTEN STOPPEN

Eine weitere Übungsart ist das seltene Stoppen beim Lesen eines Textes. Hier empfiehlt es sich, nur bei den selbst vorgegebenen Punkten zu stoppen, sodass Sie nicht zu oft während des Lesens mit den Augen im Text zurückschweifen. Es lässt sich hiermit außerdem die allgemeine Anzahl an Augenstopps vermindern, wenn Sie sich selbst immer weniger Stopps vorgeben. Nehmen Sie also einen beliebigen Text und teilen Sie diesen in drei senkrechte Spalten.

Fixieren Sie nun beim Lesen immer die Mitte der jeweiligen Zeile, sodass Sie immer drei Stopps bzw. eine Fixation pro Zeile machen. Sofern Sie mit dieser Übung gut zurechtkommen und sie beherrschen, teilen Sie wieder einen Text, allerdings diesmal in nur zwei Spalten. Somit stoppen Sie pro Zeile nur noch zweimal. Der Hintergrund dieser Übungsart ist, dass durch das Aufteilen in die Spalten ein künstlicher Leseprozess entsteht. Dieser konzentriert sich somit nicht an dem Textinhalt, sondern lediglich an der Leseart. Beherrschen Sie nun auch das Lesen mit zwei Fixationspunkten, lassen Sie den Text wie er ist und teilen Sie ihn nicht mehr in zwei Spalten auf. Suchen Sie sich in diesem Fall Schlüsselwörter, an denen Sie stoppen können.

Sie sollten diese Übungen in den nächsten drei Wochen jeden Tag machen, um Ihre Lesegeschwindigkeit um die Hälfte zu steigern oder um Ihre Lesegeschwindigkeit sogar zu verdoppeln.

SEIEN SIE SICH SICHER, WAS SIE WOLLEN

Zum Anfang des Textes sollten Sie sich darüber im Klaren sein, was genau Sie möchten. Legen Sie also Ihr Leseziel bereits vor dem Lesen fest. So kann das Gehirn seine Aufmerksamkeit auf bestimmte Wörter und Sätze richten und so die unwichtigen Dinge leichter ausblenden.

ÜBERFLIEGEN SIE DEN TEXT SELEKTIV

Überfliegen Sie den zu lesenden Text, bevor Sie mit dem eigentlichen Lesen anfangen. So können Sie bereits ganz am Anfang die Struktur und die Ausrichtung des Textes sowie einige Schlüsselwörter erkennen.

POSITIVE STIMMUNG BEIM LESEN

Es mag sicher nicht immer ganz leicht sein, doch wenn Sie sich für das Thema interessieren, fällt es Ihnen leichter, den Text schneller und effizienter zu lesen. Zum Beispiel bei speziellen Texten aus der Wissenschaft oder aus Geschäftsbereichen lohnt es sich, vorher positiv an das Ganze heranzugehen.

Carvers's fünf Lesemodis

Scanning (suchendes Lesen)	~600 WpM
Skimming (überfliegendes Lesen)	~400 WpM
Rauding (normales Lesen)	~300 WpM
Learning (lernendes Lesen)	~200 WpM
Memorizing (auswendig lernendes Lesen)	~135 WpM

Übungsanleitung Speed-Reading

1. Werden Sie sich klar über das, was Sie möchten. Legen Sie Ihr Leseziel von Anfang an fest und seien Sie positiv gestimmt und konzentriert.
2. Setzen Sie sich ein beliebiges Zeitlimit mit anfänglich leichtem Text.
3. Skimmen Sie den Text vor dem eigentlichen Lesen. So kann Ihr Gehirn die bereits bestehenden Wissensnetze aktivieren und Ihr Verständnis wird gesteigert.
4. Vermeiden Sie die Regression und die Subvokalisation.
5. Erweitern Sie mit dem „Chunken" Ihre Blickspanne und stoppen Sie selten mit den Augen, nutzen Sie hierfür eine Lesehilfe. Diese hilft Ihnen bei der Orientierung.
6. Visualisieren Sie das Gelesene.
7. Lesen Sie den Text zweimal, so steigert sich der Lernerfolg.

Leseübungen

Es ist natürlich sinnvoll, dass Sie, bevor Sie mit dem Speed-Reading beginnen, wissen, bei welchem Wort Sie anfangen. Lesen Sie also den folgenden Text für eine Minute, damit Sie Ihre Lesegeschwindigkeit in Wörtern pro Minute messen können und so Ihren Ausgangswert haben. Mit diesem Wert können Sie Ihre Fortschritte immer wieder vergleichen. Nehmen Sie sich am besten eine Stoppuhr zur Hand und legen Sie los. Achten Sie allerdings darauf, dass Sie in Ihrem normalen Lesetempo lesen und sich nicht selbst austricksen. Sobald die Minute vorbei ist, zählen Sie die Anzahl der gelesenen Wörter. So haben Sie dann Ihre WpM ermittelt. Bewerten Sie hiernach Ihr Textverständnis in Prozent.

90-100% Sie haben den Text sehr gut verstanden und können die Details wiedergeben.

70-90 % Sie haben den Text gut verstanden und können viele Details wiedergeben.

50-60% Sie können den Inhalt grob wiedergeben.

30-40% Sie haben den Text nur zum Teil verstanden und können auch nur wenige Details wiedergeben.

20-30% Sie haben den Text kaum verstanden und können auch kaum Details wiedergeben.

Also schnappen Sie sich die Stoppuhr und legen Sie los.

Die Macht der Spiegelneuronen

Sie kennen es mit Sicherheit auch. Jemand fängt in Ihrer Umgebung an zu gähnen und schon tun Sie das auch. Der Grund hierfür sind die Spiegelneuronen im Gehirn. Genau genommen sind die Spiegelneuronen ein Resonanzsystem des Gehirns, welches die Stimmungen und die Gefühle anderer Menschen auch bei Ihnen zum Erklingen bringt. Sie sind also maßgeblich für uns Menschen, um uns zu einem mitfühlenden Wesen zu machen. Ohne die Spiegelneuronen sind Freude, Mitgefühl, Trauer, aber auch Schmerzen nicht möglich zu empfinden. Schneidet sich beispielsweise jemand beim Kochen in den Finger, erleben auch Sie ein Unbehagen. Sie können nachempfinden, wie es sich gerade anfühlt. Das bedeutet, dass die Spiegelneuronen nicht nur aktiv werden, wenn Sie selbst Schmerzen empfinden, sondern auch dann, wenn

Sie diese Empfindungen bei Ihren Mitmenschen sehen. Die Spiegelzellen wurden 1996 von italienischen Forschern zufällig entdeckt. Sie gehören zu der Grundausstattung des Gehirns und sind schon bereits bei der Geburt vorhanden.

So ist es auch schon Neugeborenen möglich, von den ersten Aktionen der Eltern gewisse Spiegelungen vorzunehmen. Hierfür braucht es jedoch eine Bezugsperson, die dem Neugeboren die Möglichkeit bietet, eben diese Spiegelaktionen zu aktivieren. Die Neugeborenen müssen nämlich erst lernen, wie sie sich in die Gefühle anderer Menschen erfühlen können. Ab dem dritten bis vierten Lebensjahr sind diese Spiegelneuronen jedoch voll entwickelt und so hat das Kind auch die Möglichkeit, eine eigene und unabhängige Sichtweise zu entfalten. Sie erkennen, dass diese Spiegelneuronen aktiv sind, wenn das Kleinkind seinen Vater oder seine Mutter tröstet. Vorerfahrungen spielen jedoch eine große Rolle bei der Funktion.

Wenn erfahren wurde, dass freundliche Menschen schnell auch unangenehme Seiten von sich zeigen, entwickeln sich die Spiegelneuronen anders. Sie reagieren schließlich anders auf freundliche Personen als diejenigen, die keine schlechten Erfahrungen diesbezüglich gemacht haben. Doch auch in der Medizin wird die Funktion der Spiegelneuronen genutzt, um die Rehabilitation von Schlaganfallpatienten zu unterstützen. Die Patienten sollen schließlich bestimmten Handlungen folgen. So werden Sie in die Lage versetzt, wie es ist, wenn sie selbst diese Tätigkeit ausüben. Ein großer Vorteil der Spiegelneuronen ist, dass sie ein ganzes Leben lang angeregt werden können und in der Lage sind, dazuzulernen bzw. neue Erfahrungen zu machen und zu sammeln. Diese neuen Erfahrungen werden gespeichert und sind dann immer wieder abrufbar.

Na, wie schnell waren Sie?

Sollten Sie um die 200 Wörter geschafft haben, liegen Sie genau im Durchschnitt. Falls Sie weniger als 150 Wörter pro Minute geschafft haben, lassen Sie den Kopf nicht hängen. Mit ein bisschen Training werden Sie schnell Ihre Lesegeschwindigkeit erhöhen können. Waren Sie allerdings schneller als 250 Wörter, können Sie sich selbst gratulieren. Sie besitzen ein großes Potenzial, welches nur noch richtig genutzt werden muss.

Nun zum Programm. Nehmen Sie sich hierfür die bereitgelegte Lesehilfe. Der Vorteil bei dem Verwenden einer Lesehilfe ist, dass es den Augen leichter fällt etwas zu folgen, was in Bewegung ist. Dies können Sie optimal fürs Lesen einsetzen.

Nehmen Sie sich ein Buch Ihrer Wahl und lesen Sie dieses für zwei Minuten. Das Ziel hierbei ist, dass Sie schneller lesen, als Sie es sonst tun. Sie werden wahrscheinlich anfänglich nur sehr wenig von dem verstehen, was Sie gelesen haben. Aber das steht hier auch nicht im Vordergrund. Dieser Speed-Drill ist erfolgreich gewesen, wenn Sie mit Ihrem Textverständnis so bei um die 20 % lagen. Es geht bei dieser Übung nicht um das Textverständnis, sondern um das Training Ihrer Augen, sie ist also rein mechanisch. Sie sollen lernen, Wörter schneller zu erkennen und zu erfassen, als sie es für gewöhnlich tun. Denn um schneller lesen zu können, müssen Sie genau diese Wahrnehmung von vielen Wörtern in kurzer Zeit trainieren. Das ist das Ziel dieser Übung und Sie machen weiter Fortschritte, wenn Sie allein schon die Wörter in der Zeit sehen.

Für die perfekte Leseeffizienz werden alle drei Aspekte des Lesens, also die Geschwindigkeit, das Verständnis und die Erinnerung, einzeln trainiert. Als Erstes sollten Sie daher an der Geschwindigkeit arbeiten, dann an Ihrem Textverständnis und zuletzt an den Erinnerungen.

Nehmen Sie sich wieder ein Buch Ihrer Wahl und lesen Sie dieses für fünf Minuten in Ihrer normalen Lesegeschwindigkeit. Merken Sie sich nach den fünf Minuten, wo Sie stehengeblieben sind. Am besten markieren Sie sich das Ende.

Machen Sie nun vier weitere Durchgänge.

Nun lesen Sie diesen Abschnitt bis zum Markierungsende in nur vier Minuten. Danach in dreieinhalb, danach in drei und so weiter - bis Sie bei dem vierten Durchgang angekommen sind. Vernachlässigen Sie Ihr Textverständnis, dazu kommen Sie später.

Gehen Sie nun in Ihrem Buch ein Stück weiter und lesen Sie es nochmal für eine Minute. Lesen Sie jetzt in so einer Geschwindigkeit, wie es sich für Sie gut anfühlt. Nicht zu schnell, aber auch nicht zu langsam. Benutzen Sie die Lesehilfe. Zählen Sie danach wieder die gelesenen Wörter, um Ihre WpM Zahl zu ermitteln.

Haben Sie Fortschritte gemacht? Dann haben Sie es bereits geschafft, Ihr Gehirn dahingehend richtig zu trainieren und Informationen in kürzerer Zeit aufzunehmen. Machen Sie also immer öfter solche Übungen und Sie werden merken, wie Sie immer ein Stückchen besser werden. Diese Übung arbeitet an allen hinderlichen Angewohnheiten wie dem Subvokalisieren und der Regression. Durch die Lesehilfe ist es Ihnen unmöglich, im Text zurückzuspringen und durch die Geschwindigkeit können Sie nicht mehr mitsprechen. Die Augen nehmen durch die Geschwindigkeit besser ganze Wortgruppen wahr.

Um das Ganze noch zu steigern, müssen Sie nun am Ball bleiben. Es empfiehlt sich, eine Woche lang jeden Morgen zehn Minuten und jeden Abend zehn Minuten einen Speed-Drill durchzuführen. Für den Lernerfolg macht es mehr Sinn, wenn Sie diese Übungen nicht jeden Tag mehrere Stunden machen, sondern lieber zweimal und dafür kurz. Die beste Zeit ist morgens nach dem Aufstehen, so „schocken" Sie Ihr Gehirn und Sie sind für den kommenden Tag bestens gerüstet. Am Abend ist der große Vorteil, dass Sie während des Schlafens genau das verarbeiten, was Sie gerade vorher gemacht haben. So können Sie Ihre Lernkurve schneller steigen lassen.

So gehen Sie vor:
Laden Sie sich eine Metronom-App runter und lesen Sie pro Klack, je eine Zeile. Es ist wichtig, dass Sie pro Klack eine Zeile lesen. Nehmen Sie wieder Ihre Lesehilfe und stellen Sie das Metronom auf 30 Beats pro Minute. Sie sollten ein Buch auswählen, welches zehn Wörter pro Zeile hat. Fünf sind zu wenig und 20 sind zu viel. Zehn sind optimal. Nun kommen wir zu Ihrem Trainingsplan. Sie stellen für die jeweiligen Tage sowohl am Morgen als auch am Abend das Metronom:

Tag 1	Tag 2
für 2 min auf 40	für 2 min auf 40
für 2 min auf 45	für 2 min auf 50
für 2 min auf 50	für 2 min auf 60
für 2 min auf 60	für 2 min auf 70
für 2 min auf 40	für 2 min auf 40

Tag 3	Tag 4
für 2 min auf 40	für 2 min auf 50
für 2 min auf 50	für 2 min auf 65
für 2 min auf 65	für 2 min auf 75

für 2 min auf 75
für 2 min auf 45

für 2 min auf 85
für 2 min auf 50

Tag 5
für 2 min auf 50
für 2 min auf 60
für 2 min auf 70
für 2 min auf 80
für 2 min auf 50

Tag 6
für 2 min auf 50
für 2 min auf 70
für 2 min auf 80
für 2 min auf 90
für 2 min auf 55

Tag 7
für 2 min auf 50
für 2 min auf 70
für 2 min auf 85
für 2 min auf 90
für 2 min auf 55

Nachdem Sie nun erfolgreich die letzten 7 Tage an Ihrer Lesegeschwindigkeit gearbeitet haben, nehmen Sie nun ein schwierigeres Buch zur Hand. Lesen Sie dieses wieder für eine Minute und ermitteln Sie Ihre WpM.

Tipps, wie Sie sich das Gelesene besser merken können

Damit Sie sich das Gelesene besser merken können und um die Wissensnetze zu aktivieren oder weiter „auszubauen“, empfiehlt sich das Anlegen einer Mindmap. Eine Mindmap kann als Landkarte Ihres Wissens beschrieben werden.

Es handelt sich im Grunde also um das Festhalten verschiedener Dinge in einer besonderen visuellen Struktur. Falls Sie nicht wissen, wie eine Mindmap aussieht, können Sie sich das etwa so vorstellen wie ein großer Baum aus der Vogelperspektive. In der Mitte ist der Stamm und von diesem Stamm gehen verschiedene große Äste ab, von denen dann wieder kleinere Äste bzw. Zweige abgehen. Somit steht im Falle einer Mindmap in der Mitte das Thema, auf den Ästen die verschiedenen Schlüsselwörter zu dem jeweiligen Thema und auf den kleinen Ästen die jeweiligen Details zu den Schlüsselwörtern.

Viele Dinge, die nicht strukturiert vorgestellt werden können, gehen leicht wieder aus dem Gedächtnis verloren. Somit liegt der große Vorteil bei einer Mindmap darin, dass Sie sich die Dinge deutlich besser merken können, wenn Sie in so einer visuellen Struktur ordentlich gestaltet wurde. Sie behalten so einen guten Überblick und können immer wieder neue Dinge ergänzen. Sie enthüllen außerdem das Wesentliche aus dem Text und den Kern des Themas.

In manchen Fällen zeigt sich sogar eine Schwerpunktverschiebung. Das bedeutet, dass sich beim Erstellen einer Mindmap auf einer Seite ein Schwerpunkt bildet. Somit haben Sie das eigentliche Thema entlarvt.

Für wen das Erlernen des Speed-Readings sinnvoll ist

Das Speed-Reading ist für jeden sinnvoll, der seine Lesegeschwindigkeit erhöhen möchte. Wirklich hilfreich ist aber vor allem für Anwälte, Lehrer, Dozenten und Professoren und all diejenigen, die in ihrem Beruf sehr viel lesen müssen. Denn je mehr Sie lesen müssen, desto mehr Zeit können Sie schließlich durch das Speed-Reading einsparen. Auch für Studenten ist das Erlernen des Speed-Readings eine sehr gute Sache. So kann die Zeit in der Vorbereitungsphase für bestimmte Klausuren und Abgaben effizient und sinnvoll genutzt werden. Die Zeit beim Lesen wird eingespart, sodass Sie am Ende mehr Zeit für das Lernen für die Klausur übrig haben. Probieren Sie es einfach mal aus, vielleicht merken Sie ja schon gleich am Anfang, dass das, was hier geschrieben steht, auch tatsächlich so in die Tat umgesetzt werden kann. Jeder Deutsche liest am Tag ungefähr zwei Stunden. Wenn Sie nun durch das Speed-Reading Ihre Lesegeschwindigkeit verdoppeln können, sparen Sie in der Woche bereits sieben Stunden. Das ist fast ein ganzer Arbeitstag.

Schlüsselwörter – was ist das?

Sie wissen mit Sicherheit, was Schlüsselwörter sind. Doch vollständigkeitshalber wird dieser Begriff noch kurz erklärt. Die Schlüsselwörter eines Textes geben die Kernaussage des Textes wieder und dienen so als Leitmotiv. Quasi ein Wort, mit dem Sie das Thema des Textes entschlüsseln können. Die Schlüsselwörter können bewusst in dem Text mit eingebaut oder durch Zufall gewählt werden.

Welche Lesearten gibt es noch?

DAS QUERLESEN

Das Querlesen oder auch Diagonallesen sollte nicht mit dem Speed-Reading verwechselt werden, auch wenn es umgangssprachlich gerne mit diesem gleichgesetzt wird. Doch das ist falsch. Denn beim Speed-Reading werden keine Textbestandteile und unwichtige Informationen im Vorfelde schon weggelassen. Die Gefahr beim Querlesen besteht somit darin, dass auch wichtige Informationen weggelassen und übersehen werden. Sie können es als eine Art Methode sehen, mit der Sie überprüfen können, ob dieser Text oder dieses Buch es wert ist, in Ruhe gelesen zu werden. Man könnte das Quer- bzw. Diagonallesen auch als eine Art Entscheidungs-Instrument ansehen, mit dem Sie bestimmen können, ob dieses oder jenes Buch Ihren Wünschen entspricht und Sie es schließlich auch lesen wollen. Die Vorgehensweise beim Querlesen kann allerdings schnell gelernt werden. So wandern die Augen über den Text von links nach rechts und von oben nach unten mit hoher Geschwindigkeit. Das Ziel ist es hierbei, dass die geschulten Augen wichtige Textpassagen herausfiltern, während sie die Seiten danach absuchen. Somit ist die Erfassung der verschiedenen Textstellen intuitiv. Das Querlesen dient im Grunde also dazu, sich einen guten Überblick über den Text zu machen. Man darf es nicht mit dem Speed-Reading verwechseln. Während hier lediglich ein Überblick über den Text geschafft wird, soll bei dem Speed-Reading nicht der Inhalt des Textes verloren gehen. Man liest also schneller mit gleichem Textverständnis.

Für das Erlernen des Querlesens gibt es verschiedene Techniken.

Da es bei dem Querlesen auf die jeweiligen Schlüsselwörter ankommt, sollten Sie die Schlüsselwörter, die Sie suchen, auch kennen. Zudem sollten Sie mit dem betreffenden Thema vertraut sein. Aus diesem Grund macht das Querlesen auch nur bei Fach- und Sachtexten Sinn. Denn wenn Sie einen Text querlesen, der ein Thema beschreibt, von dem Sie entweder noch nie was gehört haben oder einfach schlichtweg kein gewisses Vorwissen mitbringen, wissen Sie auch nicht, nach welchen Schlüsselwörtern Sie suchen müssen. Das Querlesen ist so also nicht möglich.

Seien Sie stets konzentriert und lassen Sie sich nicht ablenken. Nehmen Sie für den Anfang einen Bleistift zur Hilfe und zeichnen Sie in dem entsprechenden Text leicht diagonale Linien. Sollten Sie schon etwas geübter im Querlesen sein, können Sie sich auch den Text gedanklich in diagonale Linien unterteilen. Gehen Sie nun mit einem Stift diese Linien in der Geschwindigkeit ab, in der sich Ihre Augen orientieren können.

Springen Sie im Text nicht zurück und suchen Sie den Text nach den jeweiligen Schlüsselwörtern ab.

Damit Sie das Querlesen bzw. das Diagonallesen gut beherrschen, sollten Sie es regelmäßig trainieren. Denn wie heißt es so schön? Genau! Übung macht den Meister und bekanntlich ist auch noch kein Meister vom Himmel gefallen. Für den Anfang ist also ein einfaches Layout des Textes von Vorteil. Grafiken oder andere im Text enthaltenen Elemente lenken vor allem, wenn man erst mit dem Querlesen anfangen möchte, zu sehr ab. Das laute Mitlesen sollte zudem, so wie bei dem Speed-Reading auch, vermieden werden, denn dies erfordert zu viel Zeit. In der Übungsphase sollten Sie häufig unterschiedliche Texte verwenden.

DAS SLALOMLESEN

Das Slalomlesen ist auch unter der Zick-Zack-Methode bekannt. Bei dieser Lesetechnik handelt es sich um eine sehr fortgeschrittene Lesetechnik. Auch hier ist wieder das Ziel, die Augen bestmöglich zu nutzen. Verwenden Sie für den Anfang eine Lesehilfe. Mit dieser Lesehilfe starten Sie am Anfang der entsprechenden Zeile und lassen sie diagonal zu dem Ende der darunterliegenden Zeile wandern und schließlich wieder zu dem Anfang der dann folgenden Zeile. Ist der Text einfach und leicht verständlich oder enthält er viele unwichtige Informationen. Im zweiten Fall können Sie auch größere Sprünge machen, zum Beispiel von dem Anfang der ersten Zeile zu dem Ende der dritten Zeile und wieder zu dem Anfang der sechsten Zeile.

Für den Anfang jedoch eignen sich am besten Spaltentexte. An diesen können Sie diese neue Lesetechnik am einfachsten und am übersichtlichsten üben.

SEQUENZIELLES LESEN

Bei dem sequenziellen Lesen geht es im Grunde um das Lesen des Textes von Anfang bis Ende. Hier soll versucht werden, alles von Anfang an zu verstehen, sodass Sie keine Textstelle ein zweites Mal lesen müssen. Lesen Sie also langsam und gründlich.

PUNKTUELLES LESEN

Bei dieser Lesetechnik wählen Sie wichtige Textabschnitte aus und lesen diese sehr gründlich. Anschließend wird versucht, das Gelesene in einen Kontext einzuordnen. Der Text wird also nur teilweise gelesen.

KURSORISCHES LESEN

Diese Lesetechnik erfordert etwas Zeit und gehört zu der Anwendung der SQ3R-Methode. Sie lesen schließlich als Erstes das Titelblatt, dann das Inhaltsverzeichnis und dann das Vor- und Nachwort. Haben Sie das gemacht, wird ein erstes Fazit gezogen. Worum geht es wirklich in diesem Text und welche Informationen werden dort preisgegeben? Haben Sie das erste Fazit gezogen, können Sie anfangen, den Text sauber und gründlich durchzuarbeiten, wobei Sie wichtige Textpassagen markieren und sich dazu Notizen machen.

AKTIVES LESEN

Das aktive Lesen beschreibt eine Lesehaltung, die Sie auffordert, dass Sie sich aktiv mit dem zu lesenden Text auseinandersetzen. Sie setzen sich somit nicht nur mit den fachlichen Informationen auseinander, die der Text Ihnen bietet. Planen Sie Ihren Leseprozess bei dem aktiven Lesen und bereiten Sie ihn vor. Steuern Sie außerdem Ihren Lesefluss und die Informationsaufnahme. Als letzter Punkt kommt die kritische Auseinandersetzung durch schriftliche Dokumentation und Nachbereitung.

VOLLSTÄNDIGES, DETAILLIERTES LESEN

Bei dieser Leseart geht es um das Verstehen aller im Text enthaltenen Informationen. Lesen Sie also sehr gründlich und gehen Sie im Text einen Schritt zurück, sollten Sie etwas nicht verstanden haben. Halten Sie zudem öfter inne. So können Sie das Gelesene besser verinnerlichen, sich schließlich Exzerpte zu bestimmten Textpassagen machen und es besser in die Beziehung Ihres Vorwissens einfließen lassen.

SELEKTIVES LESEN

Bei dem selektiven Lesen werden nur bewusst ausgewählte Textpassagen gelesen, die aus der Phase des orientierten Lesens hervorgehen.

SUCHENDES LESEN

Suchen Sie in einem Text bestimmte Informationen, bietet sich diese Lesetechnik an. Sie suchen schließlich in dem Text nur die Informationen, die Sie interessiert.

INSPIRATIVES LESEN

Bei dieser Lesetechnik wissen Sie am Anfang noch nicht recht, was Sie genau suchen. Sie lassen sich also von dem Text inspirieren. Hierbei geht es nicht darum, den Text möglichst detailliert zu lesen. Sie springen also von Textabschnitt zu Textabschnitt und folgen dabei den eigenen Gedanken im Text.

PROBELESEN

Das Probelesen bietet sich an, wenn Sie gucken wollen, wie die Verständlichkeit oder die Schwierigkeit des Textes ist. Am besten suchen Sie sich hierfür eine Seite aus der Mitte des Buches aus, welche Sie vollständig durchlesen.

ORIENTIERENDES, SORTIERENDES LESEN

Um eine Relevanzprüfung des jeweiligen Textes vorzunehmen, sollten Sie sich als Erstes einen Überblick verschaffen. Um sich einen entsprechenden Überblick zu verschaffen, sollten Sie vor allem auf das Inhaltsverzeichnis, das Vorwort und das Nachwort sowie auf einzelne Zusammenfassungen von bestimmten Textpassagen und Informationen über den Autor achten. Nachdem Sie sich nun den Überblick verschafft haben, entscheiden Sie, ob es sich lohnt, den Text zu lesen.

KORREKTURLESEN, REDIGIERENDES LESEN

Bei dem Korrekturlesen geht es, wie der Name schon sagt, um das Finden von Fehlern und Mängeln in dem jeweiligen Text. Das Korrekturlesen ist daher eine Sonderform des vollständigen Lesens, denn hierbei wird das Hauptaugenmerk lediglich auf die Rechtschreibfehler, die Formulierungen, den Satzbau und die Interpunktion gelegt.

Der Unterschied zum Speed-Reading

Der Unterschied zum Speed-Reading liegt also dort, dass nicht gewisse Textpassagen bewusst weggelassen werden, sondern auf eine effizientere Blickbewegung der Augen geachtet wird. Diese ermöglicht es, größere Wortgruppen zu erfassen und so das Lesen deutlich zu beschleunigen. Bei dem Diagonal- bzw. Querlesen werden bestimmte Textinhalte bewusst weggelassen. Beides hat seine Vor- und Nachteile. Wenn Sie also bloß einen Text schnell sichten wollen, ist das Querlesen eine gute Möglichkeit, um sich einen schnellen Eindruck über das jeweilige Buch oder den jeweiligen Text zu machen. Doch vergessen Sie nicht, dass durch diese Art das Textverständnis stark beeinträchtigt wird, während beim Speed-Reading das Textverständnis nicht darunter leidet.

Speed-Reading Weltrekorde

Wie in nahezu allen Dingen gibt es auch bei dem Speed-Reading Weltrekordhalter. Die Ergebnisse sind beeindruckend.

1.	Sean Adam	USA	3850 WpM
2.	Kjetill Gunnarson	NOR	1050 WpM
3.	Vanda North	GB	3000 WpM
4.	Cris van Aken	NLD	2520 WpM
5.	Mithymna Corke	NLD	2100 WpM
6.	Luc van Hof	NLD	1906 WpM
7.	Michael J. gelb	USA	1805 WpM
8.	Cinnamon Adam	USA	1782 WpM
9.	James Longworth	GB	1750 WpM
10.	Frank van der Poll	NLD	1560 WpM

So gelangen Sie zur besseren Konzentration

Damit Sie einen Text schnell lesen können und trotzdem alles verstehen, ist eine Konzentration nötig. Sie kennen vielleicht im Bekanntenkreis den einen oder anderen, der, wenn er sich auf eine Sache konzentriert hat, nicht mehr ansprechbar ist und alles in seinem Umfeld vergisst und ausblendet. Dies ist die beste Voraussetzung für eine möglichst effektive Arbeitsweise beim Lesen oder in anderen Bereichen. Sie können sich sicher vorstellen, dass eine möglichst hohe Konzentrationsfähigkeit von einigen Dingen abhängt oder beeinflusst wird. Auch die Leistungsfähigkeit allgemein hängt von diesen Faktoren ab.

Achten Sie also darauf, dass Sie ausreichend Schlaf bekommen. Der Schlaf ist sehr wichtig, um alles vom Vortag verarbeiten zu können und um neue Energie zu sammeln, damit Sie gut in den neuen Tag starten können. Haben Sie Ihren Arbeitstag gestartet oder müssen Sie noch für eine Masterarbeit gefühlte 100 Bücher lesen, sollten Sie sich zwischendurch Erholungsphasen verschaffen. Diese Ruhephasen sind ebenso wichtig für die Entspannung und die Konzentration. Sie können sich nicht den ganzen Tag ohne Pause auf ein und dieselbe Sache konzentrieren. Also lassen Sie zwischendurch in den eingeplanten Pausen Ihre Seele baumeln und starten Sie nach dieser Pause wieder mit voller Energie. Gestalten Sie die Pausen so, dass sie eine Abwechslung zu der vorherigen Tätigkeit bietet. Die beste Pause ist allerdings an der frischen Luft. Gehen Sie also ein kleines Stück in der Natur spazieren und starten danach wieder mit mehr Energie. Doch auch Atmungs- oder Bewegungsübungen sind gut geeignet. Diese können Sie im Büro selbst oder auch wieder an der frischen Luft machen. Achten Sie darauf, dass Ihr Schreibtisch aufgeräumt ist. Denn nur ein aufgeräumter Schreibtisch ermöglicht es Ihnen, vernünftig Ihr Arbeitspensum zu erreichen und immer einen guten Überblick zu behalten. Ein weiterer wichtiger Punkt ist der Ausgleich zu der normalen Tätigkeit, die Sie betreiben. Auch in Ihrer Freizeit sollten Sie Dinge forcieren, die Ihre Arbeit beim Lesen oder andere Dinge ausgleichen, denn neue Impulse durch verschiedene neue Tätigkeiten bringen Ihnen Kraft und neue Energie. Sie werden somit motivierter und produktiver.

Doch auch eine gesunde Ernährung einschließlich einer ausreichenden Wasserzufuhr ist wie in so vielen Lebenslagen sehr wichtig. Durch frisches Obst und Gemüse werden Sie mit den notwendigen Nährstoffen, die Sie benötigen, versorgt. Das Gehirn braucht gewisse Nährstoffe und ausreichend Flüssigkeit, um auf maximaler „Stufe" arbeiten zu können. Daher sollten Sie auf Kaffee nach Möglichkeit verzichten. Er kann zwar anfänglich zur Konzentration beitragen, doch ist das nur von kurzer Dauer. Kaffee entzieht dem Körper Wasser und ein gesunder Wasserhaushalt ist für eine optimale Konzentration maßgeblich. Auch auf zuckerhaltige Lebensmittel sollten Sie verzichten, denn starke Schwankungen des Blutzuckerspiegels sind echte Konzentrationskiller.

Also, achten Sie stets auf eine gesunde Ernährung. Diese wird Ihnen in verschiedenen Lebensbereichen zugutekommen. In einem dunklen Zimmer mit abgestandener Luft lässt es sich nicht nur schwer aushalten, sondern es mindert auch die Konzentration ungemein. Sie werden außerdem müde oder bekommen Kopfschmerzen. Achten Sie also auf ausreichend frische Luft und nach Möglichkeit natürliches Tageslicht. Steht kein Tageslicht aufgrund der dunklen Jahreszeit zur Verfügung, sollten Sie auf die Qualität des Lichtes achten. Mittlerweile gibt es bereits Lampen, die das Tageslicht imitieren, diese sind sehr empfehlenswert für eine gute Büroausstattung. Doch sollten Sie nicht gerade Ihr Büro neu ausstatten wollen, achten Sie einfach auf die Lichtfarbe. Das typische künstliche blaue Licht sollten Sie vermeiden, da viele Menschen durch dieses Licht unter Kopfschmerzen leiden.

Die Konzentration ist allerdings nicht nur von den genannten Faktoren abhängig, denn auch Ihre individuellen Faktoren spielen dort mit rein. So sind manche Menschen gleich früh am Morgen am aufmerksamsten und können sich am besten konzentrieren. Andere wiederum sind kleine Nachteulen. Deren Konzentration ist nachts am besten, weshalb sie dann am produktivsten arbeiten können. Hinzu kommt, dass Sie sich nicht jeden Tag gleich konzentrieren können, weil Sie nicht immer in der gleichen Verfassung sind. So hilft Ihnen bei der Konzentration heute das Eine und morgen das Andere. Um also am effektivsten die Bücher zu wälzen oder andere Dinge zu verrichten, bei denen Sie sich konzentrieren müssen, ist es sehr sinnvoll, wenn Sie Ihre persönlichen Bedürfnisse gut kennen.

Das Interesse für das, was Sie tun oder lesen, beeinflusst natürlich am meisten Ihre Konzentration. Sind sie von dem, was Sie tun, interessiert, fällt die Konzentration auf die Sache auch nicht schwer. Anders ist es, wenn Sie das Thema langweilt. Da muss man schon hart an sich arbeiten, um bei der Sache zu bleiben. Hier ist Abwechslung eine gute Möglichkeit, um die Konzentration zu erleichtern. Manchmal hilft es schon, wenn Sie den Raum wechseln oder sich nach draußen setzen.

Die Konzentrationsblockaden

Es gibt also verschiedene Einflüsse und Faktoren, die Sie davon abhalten können, sich auf eine Sache zu konzentrieren. Vor allem in der heutigen Zeit wird die Konzentrationsfähigkeit immer schwächer. Der Grund mag das digitale Zeitalter sein, welches jeden Menschen fast zur Ablenkung nötigt. Fünf Minuten nicht auf das Smartphone geguckt und schon blinkt und leuchtet es wie der Hamburger Dom. Hinzu kommt, dass es viele Menschen nicht besonders stört, dass sie sich nur sehr kurz konzentrieren können. Dabei könnte das ganze Leben deutlich einfacher werden, wenn man doch in der Lage ist, sich angemessen auf eine Sache zu konzentrieren und diese bewusst zu fokussieren. Viele geben außerdem bei dem Versuch, sich auf eine Sache zu konzentrieren, schnell auf. Das ist in dem Sinne bedauerlich, als dass man seine Konzentrationsfähigkeit und den Fokus trainieren kann - ähnlich wie Sie auch einen Muskel beim Sport trainieren können. Nur halt eben etwas anders. Doch da wahrscheinlich die Mehrheit der Menschen zahlreiche Konzentrationsblockaden besitzt, fällt das Training sichtlich schwer. Zu diesen Konzentrationsblockaden zählen Folgende.

Mangelhafte Erfahrung und Übung
Ohne sich etwas im Thema Konzentration zu schulen und es zu trainieren, werden Sie die Fähigkeit der Konzentration nur schwer erlangen. Sie sollten also Ihre Konzentration trainieren. Dazu aber später mehr.

UNTERBRECHUNGEN UND ABLENKUNGEN

Was unter diesen Punkt fällt, können Sie sich sicher denken. Ablenkungen durch zum Beispiel Arbeitskollegen oder Lärm von der Straße. Nichts stört mehr als genau neben einer Baustelle zu wohnen oder zu arbeiten. Aber auch das ständig klingelnde Handy oder laute Musik können die Konzentration stark beeinträchtigen. Auch immer wieder auftretende unnötige Fragen an einen selbst verhindern die effektive und konzentrierte Arbeit. Sie kennen es sicher selbst. Man ist voll bei der Sache und auf einmal stellt man sich selbst unnötige Fragen wie „was Laura wohl gerade macht? Von der hab ich ja auch ewig nichts mehr gehört." oder „ob es auf der Welt noch Orte gibt, die die Menschen nicht kennen und die noch frei von der menschlichen Last sind?". Meistens dauert es eine ganze Weile, bis man dann wieder an dem Punkt der Konzentration angelangt ist, wo man vorher war. In diesem Falle ist es durchaus sinnvoll, sich einen Zettel und einen Stift zu nehmen und die Fragen, die man sich gestellt hat, aufzuschreiben. So können Sie sie nicht vergessen und später nochmal darauf zurückkommen, um jegliche Fragen mit sich selbst zu klären. Das erspart enorm viel Zeit, wenn Sie Ihren ablenkenden Gedanken nicht sofort folgen, sondern es auf später verschieben.

DIE NICHT VORHANDENE FRUSTRATIONSTOLERANZ

Bei vielen Menschen ist es so, dass sobald etwas nicht mehr nach Ihren Vorstellungen läuft, sie alle Ihre Bemühungen sofort abbrechen. Der Grund ist eine zu geringe oder nicht vorhandene Frustrationstoleranz. Schon im Kindesalter ist es daher sinnvoll, genau an dieser Frustrationstoleranz zu arbeiten.

GEWOHNTE UNAUFMERKSAMKEIT/ ZERSTREUTHEIT

Manchen Menschen fällt es sehr schwer, die Gedanken nur auf eine Sache zu richten. Wenn auch Sie sich angewöhnt haben, Ihre Gedanken überall und nirgendwo kreisen zu lassen, wird es Ihnen sehr schwerfallen, sich auf eine Sache zu konzentrieren. Hinzu kommt, dass das Gehirn immer nur einem Gedanken zu einem Zeitpunkt folgen kann. Haben Sie sich nun mehr an Arbeit aufgetragen, als Sie schaffen können, werden Sie bei der Arbeit an dem einen Projekt immer auch an die Arbeit von dem anderen denken. Das führt selbstverständlich zur Zerstreutheit und zu einem großen Abfall der Konzentration.

INTERESSEN- UND MOTIVATIONSMANGEL

Selbstverständlich ist es so, dass Ihre Aufmerksamkeit nicht zu 100 Prozent auf die Sache gerichtet ist, sobald Sie etwas nicht vollständig interessiert. Die Gedanken schweifen also ab und die Konzentration ist weg. Sie sollten sich daher bemühen, für sich selbst stets etwas Sinnvolles an der Sache zu suchen. So können Sie motivierter daran arbeiten.

UNKLARER PLAN UND HANDLUNGSZWECK

Sie kennen es sicher auch, Sie stehen vor einer Aufgabe und wissen einfach nicht, wie Sie an die Sache herangehen sollen. Allein das reicht schon für einen Abfall der Konzentration. Andere denken, dass Multitasking der Inbegriff für Produktivität ist. Doch das stimmt nicht. Denn diejenigen, die eine Sache nach der anderen machen, sind zum einen schneller am Ziel und zum anderen machen sie weniger Fehler. Wer zu viele Dinge gleichzeitig tut, arbeitet unkonzentrierter und unproduktiver, weil über zu viele verschiedene Dinge gleichzeitig nachgedacht wird.

ALLGEMEINER STRESS UND MÜDIGKEIT

Sind Sie nicht ausreichend ausgeruht und dauerhaft müde, werden Sie sich nicht konzentrieren können. Kommt zu der Müdigkeit noch allgemeiner Stress hinzu, werden Sie nichts Sinnvolles mehr zustande bringen können. Stress gilt mit zu den Konzentrationskillern überhaupt. Sie sollten also daran arbeiten, den vorhandenen Stress aktiv abzubauen. Denn das tut er nicht von alleine. Viele Menschen denken zwar, dass ihr Stresspegel sinkt, wenn sie sich nur lange genug mit einer Jogginghose auf das Sofa setzen. Das ist allerdings nicht so. Stress kann nur aktiv abgebaut werden. Daher empfiehlt es sich, Sport zu treiben oder an der frischen Luft spazieren zu gehen.

GESUNDHEITLICHE UND EMOTIONALE PROBLEME

Die Gesundheit ist das wertvollste Gut, das wir besitzen. Doch ist diese angeschlagen, hat das nicht nur physische, sondern auch psychische Auswirkungen. Auch die Einnahme von Medikamenten kann die Konzentration negativ beeinflussen. Ein Ereignis, das Sie aus der Fassung und aus dem Gleichgewicht gebracht hat, sorgt für schlechte Konzentration. Ebenso schlecht für die Konzentration ist es, wenn Sie sich gegen die Arbeit wehren oder unter Zeitdruck stehen. Achten Sie also immer auf Ihren Körper und gönnen Sie ihm die Ruhe, die er benötigt.

Der positive Einfluss einer optimalen Konzentration

Die richtige Konzentration ist nicht nur von Vorteil bei der Arbeit oder beim Lesen. Dass die Konzentration nur für effektives Arbeiten wichtig ist, ist ein Irrtum. Denn eine gesteigerte Konzentrationsfähigkeit führt unweigerlich zu einem angenehmeren Leben. Vor allem im Bereich der sozialen Beziehungen ist es sehr von Vorteil, wenn Sie aufmerksam bei der Sache sind. So können Sie sich besser in Gesprächsthemen integrieren und vermitteln zudem Ihrem Gegenüber das Gefühl, anerkannt und verstanden zu werden. Das ist für eine positive und gute soziale Beziehung ein sehr wichtiger Punkt. Was nervt schon mehr als eine Unterhaltung mit jemandem, der absolut nicht bei der Sache ist und total desinteressiert rüberkommt. Das macht einen schlechten Eindruck vor allem dann, wenn es auf beruflicher Ebene ist und Sie auf der Karriereleiter nach oben wollen. Doch natürlich ist es aber auch auf privater Ebene wichtig, sich mit seinen Mitmenschen aufmerksam zu unterhalten. Wenn Sie also in der Lage sind, sich auf bestimmte Dinge zu konzentrieren oder wenn Sie allgemein eine bessere Aufmerksamkeit besitzen, werden Sie widerstandsfähiger gegenüber negativen Reizen.

Denn haben Sie Ihre Lebenseinstellung verändert und haben Sie Ihre Aufmerksamkeit im Griff, fällt es leichter, sich vermehrt auf die positiven Dinge zu fokussieren und so die negativen auszublenden. Auch im Bereich der Kreativität kommt Ihnen eine gesteigerte Aufmerksamkeit zugute. Sie können durch eine geplante „Gedankenwanderung“ mehr Kreativität erlangen und so mehr Energie für gute Ideen aufwänden. Doch auch die Fähigkeit, Störungen und Ablenkungen wirklich effektiv auszublenden, ist ein sehr großer Vorteil. Sie können so komplexeren Gedankengängen folgen und tiefere Einsichten in die Materie erlangen. Ein weiterer sehr positiver Effekt ist, dass Sie schneller gute Chancen erkennen und nutzen können, wenn Sie Ihre Aufmerksamkeit beherrschen.

Der Einfluss der richtigen Umgebung während des Lesens

Die richtige Umgebung ist für die Konzentration beim Lesen oder aber auch für andere Dinge sehr wichtig. Das variiert natürlich von Person zu Person. Achten Sie also darauf, was bei Ihnen wichtig ist, um eine gute Umgebung zu schaffen. Was allerdings bei jedem helfen wird, ist das Ausschalten oder das Weglegen des Telefons bzw. des Smartphones. Nichts bringt uns schneller aus der Konzentration als das dauerhaft aufleuchtende Smartphone. Von daher bringen Sie es an einen Platz, wo Sie es nicht sehen oder hören können. Es empfiehlt sich allgemein, dass Sie alles, was Sie ablenken könnte, aus dem Sichtfeld räumen, sodass Sie nur das vor sich haben, was Sie benötigen. Auch Bilder an den Wänden können die Konzentration negativ beeinflussen. Einmal in einem außergewöhnlichen Bild fest geguckt und schon ist man raus aus der Konzentration. Von daher wählen Sie lieber einfache und unauffällige Wandbilder. In Büros empfiehlt es sich, ein „Bitte nicht stören" Schild an die Tür zu hängen, um die nötige Ruhe zu gewährleisten. Eine gemütliche und gesunde Sitzposition hilft zusätzlich, denn Verspannungen und Schmerzen lenken von der Sache ab. Ein heller mit Tageslicht gefüllter Raum bietet die beste Voraussetzung für effektive und konzentrierte Arbeit. Achten Sie dabei darauf, dass die Raumtemperatur weder zu kalt noch zu warm ist. Laut Befragungen ergab sich, dass die beste Raumtemperatur bei
21 °C – 22 °C liegt.

Konzentrationsübungen und Tipps

Im nachfolgenden Text werden Sie einige Übungen und Tipps für den Konzentrationsaufbau finden.

SCHWEIGEN UND NICHTS TUN

Im Grunde kommt diese Übung der Meditation recht nahe. Sie sollten hierbei Ihre Aufmerksamkeit zunächst für kurze Zeit nur auf eine Sache wie ein Bild oder eine Kerze richten. Es empfiehlt sich, das nur für eine Minute zu tun. In dieser Minute sollten Sie schweigen und gar nichts tun. Sie lernen, sich bei dieser Übung nur auf eine Sache zu konzentrieren und zu fokussieren. Haben Sie diese Übung schon des Öfteren gemacht, können Sie die Zeit auch steigern.

BUCHSTABEN SUCHSPIEL

Bei dieser Übung nehmen Sie sich am besten eine Zeitschrift oder eine normale Zeitung und suchen auf Zeit einen bestimmten Buchstaben. Sie sollten sich hier im Vorfeld den Buchstaben aussuchen und beispielsweise alle „m“ aus dem Text suchen und zählen. Wenn Sie mit dieser Übung anfangen, können Sie sich einen farbigen Stift zur Hilfe nehmen und alle entsprechenden Buchstaben markieren. Später, wenn Sie darin schon geübter sind, lassen Sie den Stift weg und versuchen es ohne. Sind Sie in der Sache schon etwas fortgeschrittener, können Sie die Zeit steigern und mehrere Buchstaben hinzuziehen und zählen.

SPIELEN SIE WIEDER MEMORY

Früher als Kind waren Sie vielleicht mal richtig gut im Memory-Spiel. Doch heute vergessen Sie selbst die leichtesten Bilder wieder? Fangen Sie wieder mit dem Spiel an, es fördert die Konzentration und das Gedächtnis ungemein. Sobald Sie darin wieder etwas besser geworden sind, können Sie auch die Version für Fortgeschrittene nutzen. Dies ist eine sehr schöne

Übung, um die Konzentration zu steigern, denn es macht Spaß und Sie werden merken, dass es wirklich was bringt.

MACHEN SIE DAS RADIO LEISE

Machen Sie das Radio bewusst immer leiser. Auch ein Fernseher eignet sich hierfür. Ist der Ton des Radios oder des Fernsehers so leise, dass Sie sich bemühen müssen, alles zu verstehen, ist es genau die richtige Lautstärke.

BEWUSSTE STÖRUNGEN FÜR MEHR KONZENTRATION

Um diese Übung zu machen, wird ein Partner benötigt. Lesen Sie einen Artikel oder einen anderen Text und lassen Sie sich nicht durch Ihren Partner ablenken. Dieser sollte alles daran setzen, Sie von der Sache abzulenken und aus der Konzentration zu bringen. Wichtig ist hierbei jedoch, dass er Sie nicht anfassen darf. Nur Dinge, die Ihnen das Lesen nicht unmöglich machen, sind gestattet. Dazu zählen zum Beispiel störende Geräusche, Gerüche oder bescheuerte Tanzaufführungen. Sie sollten sich am Anfang während der Ablenkung für etwa zwei Minuten auf die Sache konzentrieren und danach tauschen. Schreiben Sie auf, was Sie am meisten abgelenkt hat, und arbeiten Sie genau an diesen Störfaktoren.

FORTSCHRITTE ERKENNEN UND AUFSCHREIBEN

Am Ende des Trainings und der Übungen ist es immer sehr wichtig, nochmal alle Dinge Revue passieren zu lassen. Registrieren Sie Ihre Fortschritte, um sie auch wirklich wahrzunehmen. Hier eignet es sich, wenn Sie von Anfang an Ihre Schwachstellen aufschreiben und dann nach und nach dokumentieren, was sich wie und warum verändert hat und woran Sie noch mehr arbeiten möchten.

SO VERGRÖßERN SIE IHRE FRUSTRATIONSTOLERANZ

Sofern Ihre Frustrationstoleranz sehr gering ist oder Sie zu hohe Erwartungen haben, sollten Sie daran arbeiten. Bleiben Sie am Ball und bleiben Sie geduldig bei der Sache. Es empfiehlt sich, die eigene Einstellung zu verändern und sich selbst zu sagen, dass es in Ordnung ist, wenn man nicht alles kann und auch mal Fehler passieren. Wichtig ist hierbei, dass Sie sich überlegen, wie Sie das Problem lösen können. Sie sollten sich zudem auch für kleine Schritte und Erfolge loben. Denn auch die kleinen Schritte führen zum Ziel.

SO WIRD AUS FEHLENDEM INTERESSE INTERESSANTE ARBEIT

Sollte Sie die Aufgabe nicht interessieren, überlegen Sie sich gut, ob Sie diese überhaupt annehmen möchten. Doch sollten Sie diese annehmen, gestalten Sie die Ihnen aufgetragene Aufgabe etwas interessanter. Machen Sie sich Gedanken darüber, was es Ihnen bringt, wenn Sie diese Aufgabe erledigt haben und welches Ziel Sie damit erreichen können. Gibt es für Sie gegebenenfalls am Ende einen Mehrwert? Es eignet sich auch, dass Sie für sich eine Belohnung aussuchen, wenn Sie mit der Aufgabe durch sind. Machen Sie sich bewusst, dass niemand Sie zwingen kann, etwas zu tun. Es ist immer Ihre Entscheidung. Daher hören Sie auf, sich selbst immer wieder zu sagen: „Ich muss das machen...“. Stecken Sie sich ein kleines Ziel. Arbeiten Sie zum Beispiel erstmal nur fünf bis zehn Minuten an der Sache und überlegen Sie anschließend, ob Sie noch weiter machen wollen oder nicht. Meistens entscheidet man sich dann doch dazu, noch weiterzumachen.

WIE SIE ÜBERLASTUNG VERRINGERN KÖNNEN

Sind Sie mit Ihrer Arbeit oder anderen Projekten überlastet, sollten Sie diese durchforsten und gucken, was für Sie wichtig ist und was tatsächlich für die Erreichung des Ziels notwendig ist. Ein guter Anfang ist es immer, wenn Sie anfangen, Ihre Aufgaben nach Wichtigkeit zu sortieren. Wenn Sie diese dann erledigt haben, ist das erste gute Gefühl vorhanden. Denn Sie haben von den wichtigen Dingen bereits was erledigt. Denken Sie immer daran, je mehr Sie im Kopf haben, desto weniger können Sie sich konzentrieren. Von daher, immer eine Sache zu einem Zeitpunkt. Schreiben Sie sich Dinge auf einen Notizzettel, wenn Sie diese nicht vergessen dürfen. Behalten Sie unnötige Gedanken nicht weiterhin im Kopf. Sie sind für Sie nur unnötiger Ballast. Legen Sie Pausen ein, die Sie sinnvoll für Ihre Entspannung nutzen.

PSYCHISCHE ODER SEELISCHE PROBLEME

Seien Sie nicht zu hart zu sich selbst. Wenn privat einiges los ist, was Sie seelisch beeinflusst, können Sie nur sehr schwer den Kopf wieder freibekommen. Seien Sie also fair zu sich selbst, denn wenn Sie durch ein Ereignis seelisch belastet sind, können Sie sich anstrengen, wie Sie nur wollen - die Konzentration wird nicht halten. Bei seelischen Belastungen oder Problemen ist es immer gut, wenn Sie jemanden haben, mit dem Sie darüber sprechen können. Das hilft meistens schon etwas, wenn man sich seine Sorgen von der Seele redet. Versuchen Sie, sich zu entspannen.

BÜCHER LESEN

Das Hauptthema dieses Buches. Das Lesen trainiert die Konzentrationsfähigkeit und Sie profitieren zudem noch von den Inhalten. Doch leider ist nicht jedes Buch ein gutes Buch. Daher sollten Sie bei dem Kauf darauf achten, dass es ein Buch ist, welches zu Ihnen passt, was Sie interessiert und auch wirklich gut und nützlich ist. Sie machen zumindest definitiv nichts falsch, wenn Sie zu Büchern von sehr erfolgreichen Menschen greifen. Sie können davon ausgehen, dass Sie aus diesen Büchern für sich selbst etwas Positives mitnehmen können und dass sich Ihre Sicht auf gewisse Dinge ändern könnte. Auch eignen sich wissenschaftliche Bücher hervorragend. Voraussetzung ist natürlich, dass Sie sich für das entsprechende Thema interessieren. Man kann also durchaus sagen, dass Bücher, die einen sinnvollen und für Sie interessanten Inhalt bieten, sich auf zwei Wegen positiv auf Sie auswirken. Sie lernen zum einen neue Dinge dazu und zum anderen steigert sich Ihre Konzentrationsfähigkeit.

Meditation

Die Meditation ist eine sehr sinnvolle Übung zur Steigerung der Konzentration. Eine Übung, die viel zu selten angewandt wird. Dabei profitieren Sie bei der Meditation auf zwei Wegen. Sie steigern Ihre Konzentrationsfähigkeit. Ganz wichtig ist auch, dass Sie sich entspannen. Entspannung ist vor allem in der heutigen Zeit sehr selten geworden. Die meisten Menschen stehen unter dauerhaftem Stress. Erst bei der Arbeit und dann noch zu Hause. Doch fangen Sie mit Meditation an. Dies hat nicht nur einen positiven Einfluss darauf, sondern auch auf Ihre Gesundheit.

Meditationsübungen

Gleich vorweg muss gesagt werden, dass auch das Meditieren etwas geübt werden muss. Doch wenn Sie es beherrschen, ist es die beste Möglichkeit, zu der Entspannung zu finden. Von daher haben Sie Geduld und bleiben Sie freundlich zu Ihnen selbst, wenn es am Anfang vielleicht noch nicht so gut klappt. Probieren Sie am Anfang die verschiedenen Meditationsarten aus, denn nicht jeder meditiert gleich. Für die eine Person ist die klassische Mantra-Meditation geeigneter und für die andere ist die Geh-Meditation besser. Nehmen Sie daher eine entsprechende Einstellung mit in die Meditation, dann sollte bei den ersten Versuchen auch nichts schiefgehen. Achten Sie darauf, dass Sie sich einen gemütlichen und ruhigen Raum suchen. Ziehen Sie am besten bequeme Kleidung an.

DIE GEH-MEDITATION?

Für diese Meditation ist eine starre Position nicht notwendig. Für die Geh-Meditation sollten Sie sich einen kurzen Weg aussuchen, den Sie immer wieder auf und ab gehen. Am besten geeignet sind ruhige Feldwege oder allgemein Wege, wo Sie viel Ruhe haben. Gehen Sie also diesen Weg immer auf und ab und achten Sie dabei ganz genau auf jeden einzelnen Muskel, der durch die Beine beim Gehen beansprucht wird. Gehen Sie nicht zu schnell und passen Sie Ihre Atmung an. Und immer daran denken, Entspannung ist das Ziel.

DIE NASENATMUNG

Bei dieser Meditationsart arbeiten Sie ausschließlich mit Ihrer Atmung. Atmen Sie also dreimal durch die Nase ein und zählen Sie dabei bis vier. Atmen Sie schließlich aus dem Mund wieder aus und zählen Sie dabei bis acht. Anschließend sollten Sie über fünf Minuten nur noch über die Nase atmen. Sie werden merken, dass Sie sich durch die Konzentration auf Ihre Atmung entspannen und ruhiger werden. Ihr Gehirn erlangt neue Energie und Sie werden sich nach der Meditation deutlich besser konzentrieren können. Diese Meditationsart empfiehlt sich auch für die Mittagspause im Büro.

DIE SUCHE NACH STILLE

Auch bei dieser Art der Meditation steht wieder Ihre Atmung im Vordergrund. Legen oder setzen Sie sich gemütlich hin. Atmen Sie nun ganz ruhig ca. fünf bis 15 Minuten und achten Sie dabei auf Ihre Atmung. Machen Sie sich das Atmen bewusst. Sollten Ihre Gedanken abschweifen, versuchen Sie, diese wieder auf Ihre Atmung zu lenken. Vielleicht ist es Ihnen sogar möglich, nicht einmal mehr auf Ihre Atmung zu achten, sodass Sie eine völlige Ruhe und Stille in Ihrem Kopf haben und Sie einfach über nichts und niemanden mehr nachdenken. Diese innere Stille im Kopf ist sehr erholsam, doch alles andere als leicht hinzubekommen. Daher seien Sie nicht verzweifelt, wenn es am Anfang noch nicht so gut klappt.

DIE MANTRA-MEDITATION

Diese Meditationsart wird wahrscheinlich die bekannteste sein. Denn die meisten Menschen denken bei dem Wort Meditation an einem auf dem Kissen im Schneidersitz sitzenden Menschen, der immer wieder das Mantra „Om“ vor sich hin sagt. Sie müssen aber nicht die Sanskrit-Silbe „Om“ verwenden, sondern können sich Ihr eigenes Mantra aussuchen. Am besten stellen Sie sich einen Timer, damit dieser Sie nach den gewünschten Minuten sanft aus der Meditation holt. Achten Sie hierbei unbedingt auf einen sanften und ruhigen Ton. Nichts ist schlimmer als nach einer erfolgreichen Meditation mit einem furchtbaren Weckerklingeln aus der Entspannung gerissen zu werden. Setzen Sie sich also bequem hin und passen Sie Ihr ausgesuchtes Mantra Ihrer Atmung an. Sie müssen das Mantra nicht laut sagen, sondern können es auch nur im Kopf für sich vorsagen. Manchmal hilft es, sich einen schönen Ort vorzustellen. Lassen Sie sich von Ihrem Mantra durch die Meditation leiten.

DAS SINNERLEBNIS

Bei dieser Meditation kommt es ganz auf Ihre Sinne an. Konzentrieren Sie sich für rund 30 Sekunden auf Ihre fünf Sinne Hören, Sehen, Riechen, Schmecken und Tasten. Sie sollten immer versuchen, zwischen den Sinnen für 30 Sekunden abzuschalten, damit Sie wieder für den nächsten Sinn bereit sind. Wiederholen Sie die Konzentration auf Ihre Sinne jeweils dreimal.

Diese Meditationsart können Sie auch hervorragend am Abend machen, denn es leitet super den Schlaf ein.

Der Fokus, seine Feinde und der Unterschied zur Konzentration

Nicht alle Menschen können sich auf nur eine Tätigkeit fokussieren. Doch einen Fokus zu haben, ist vor allem in der Berufswelt oder während des Studiums enorm wichtig. Aber so wichtig der Fokus auch ist, so groß sind auch mindestens seine Feinde. Beim Fokussieren kommt es darauf an, sich und all die zur Verfügung stehende Energie auf einzig und allein das Erreichen des gesetzten Ziels einzusetzen.

Manche denken, es gäbe keinen großen Unterschied zwischen der Konzentration und dem Fokus. Doch dem ist nicht so. Denn Sie können fokussiert sein, ohne jedoch konzentriert zu sein. Genau dasselbe gilt auch umgekehrt. Als Beispiel kann man einen Studenten nennen, der aufmerksam seine Hausarbeit in verschiedenen Studienfächern erledigt. Dieser ist dann in der Situation zwar konzentriert, aber eben nicht fokussiert. Ein anderer Student beschäftigt sich halb schlafend mit einem wichtigen Studienfach. Dieser ist fokussiert, aber eben nicht konzentriert.

Doch um beste Leistungen abrufen zu können, wird sowohl der Fokus als auch die Konzentration gefordert. Sind Sie also fokussiert an einer Sache am arbeiten, sind Sie gleichzeitig besser konzentriert und umgekehrt. Um den Fokus und die Konzentration zu behalten, ist es wichtig, dass Sie sich nicht mit zu vielen Dingen gleichzeitig auseinandersetzen. Erledigen Sie eins nach dem anderen, um das jeweilige Ziel zu erreichen. Denn die unterschiedlichen Ziele, die Sie für unterschiedliche Aufgaben haben, lenken Sie im gleichen Zuge von Ihren Zielen ab.

Damit Sie einen starken Fokus beibehalten können, muss das Ziel also attraktiver als die Ablenkung sein. Sollten Sie von einer Sache so stark abgelenkt werden, dass Sie sich nicht mehr fokussieren können, sollten Sie diese Ablenkung dringend abschirmen.

Die Ablenkung stellt somit den ersten Feind dar. Doch ein weiterer Feind ist die fehlende Klarheit über die Schritte, die Sie zum Ziel führen sollen. Vor allem in dieser Phase sind Sie für Ablenkungen ein leichtes „Opfer". Auch Stress gehört wie immer mit zu den Feinden, die einem viele Dinge schwerer machen. Die beste Möglichkeit, um gegen Stress vorzugehen, ist es, Stress gar nicht erst zuzulassen. Hier sprechen wir von Stressprävention. Das ist allerdings leichter gesagt als getan. Wie schon bei dem stressbedingten Konzentrationsabfall spielt Sport und ausreichende Bewegung an der frischen Luft auch hier eine große Rolle. Auch Multitasking ist, um einen starken Fokus zu behalten, eine schlechte Idee. Denn beim Multitasking werden Sie schnell von anderen unwichtigen Dingen abgelenkt und Ihrem Gehirn fällt es schwerer, die wichtigen und die unwichtigen Informationen im Kopf zu trennen. Der allergrößte Feind des Fokus sind allerdings wir selbst. Denn wenn Sie unfokussiert sind, liegt es nicht daran, dass Sie zu dem Thema zu wenig wissen. Sondern vielmehr daran, dass Sie sich zu schnell ablenken lassen und das Wissen, welches Sie besitzen, nicht in die Tat und Praxis umsetzen. Vor allem, wenn Sie neue Dinge wie das Speed-Reading erlernen möchten, ist der Fokus eine Art Grundbaustein. Ohne ihn geht es nicht.

So können Sie zwischen dem engen und dem weiten Fokus umschalten

Damit Sie Ihren Fokus einschränken können, macht es Sinn, Listen, Kategorien und Umrisse zu verwenden. Denn sofern Sie sich auf diese konzentrieren, verengt sich Ihr Fokus automatisch, um die fehlenden Informationen zu finden. Sind Gründlichkeit und Details gefragt, schreiben Sie eine Checkliste oder notieren Sie alle Schritte, um Ihren Fokus einzufangen und einzuengen. Konzentrieren Sie sich stets auf Ihr Ziel und reduzieren Sie die Geschwindigkeit.

Um den Fokus zu weiten, sollten Sie stets optimistisch sein. Denn nur die positiven Emotionen können Ihren Fokus weiten. Sorgen Sie also für einen gesunden Optimismus. Ebenso ist es sinnvoll, gegenteilige Beweise zu sammeln. Sobald Sie eine Sache für nutzlos oder blöd ansehen, neigt Ihr Fokus dazu, sich einzuengen und nur noch die Hinweise zu erkennen, die Ihr eigenes Urteil bestärken.

Aufmerksamkeit kontrollieren

Die Aufmerksamkeit ist maßgeblich für die Wirklichkeit der Menschen. Jeder Mensch besitzt demnach eine andere Wirklichkeit. Der Grund ist, dass jeder Mensch andere Dinge beachtet, ignoriert und somit eine andere Vorstellung über die Realität besitzt. Dementsprechend prägt das individuelle Beachten und Ignorieren von Dingen die Wirklichkeit des Menschen und das, was aus diesem Menschen wird. Wenn Sie also bewusst aufmerksam sein können, wird es sich unweigerlich auf Ihre Lebensqualität auswirken. Außerdem gibt es unterschiedliche Aufmerksamkeits-Arten.

Um die Aufmerksamkeit beeinflussen zu können, sollten Sie sich Ihre Ziele klar machen. Denn nur durch den eigenen Plan können Sie Ihre Aufmerksamkeit bestmöglich lenken. Für den Anfang macht es Sinn, eine Art Aufmerksamkeits-Analyse zu erstellen. Bei dieser Analyse schreiben Sie alle Dinge auf, denen Sie Aufmerksamkeit geschenkt haben. Am Ende dieser Analyse können Sie an ihr erkennen, wofür Ihre Aufmerksamkeit wirklich genutzt wird und schließlich gezielt daran arbeiten. Setzen Sie sich Prioritäten. Dies machen Sie am besten, wenn Sie Ihre wiederkehrenden Aufgaben in der Eisenhower-Matrix einfügen.
Die Eisenhower-Matrix setzt sich aus vier Quadraten zusammen, die nach Prioritäten geordnet sind. Das erste Quadrat ist sehr wichtig und dringend, das zweite ist wichtig, aber nicht dringend, das dritte ist dringend, aber nicht wichtig und das vierte ist nicht wichtig und auch nicht dringend.

Planen Sie die Tage und Wochen. Auch wenn die Tages- und Wochenplanung eher dem Zeitmanagement zugeordnet wird, geht es im Kern doch auch um das Aufmerksamkeitsmanagement. Als letzten Punkt kann man sagen, dass Sie sich auf Ihr Gedächtnis verlassen sollten. Sie sollten sich etwas überlegen, wodurch Sie immer wieder an Ihre Ziele erinnert werden.

WILLKÜRLICHE AUFMERKSAMKEIT

Bei der willkürlichen Aufmerksamkeit handelt es sich um einen Prozess der Fokussierung, den Sie aktiv und bewusst kontrollieren können. In der heutigen Zeit ist die Hauptaufgabe der willkürlichen Aufmerksamkeit, dass Sie in Bezug auf die Reize, die Ihnen zu jeder Zeit für die unwillkürliche Aufmerksamkeit zur Verfügung stehen, nur diejenigen auswählen, die Sie auch tatsächlich zulassen möchten.
Als Beispiel kann man das Fernsehprogramm nehmen. Es stehen Ihnen an 24 Stunden am Tag zig verschiedene Fernsehsender zur Verfügung. Von diesen Fernsehsendern müssen Sie einen einzigen auswählen. Reize, die auf eine Gefahr hindeuten, besitzen die oberste Priorität - aus evolutionären Gründen. Wenn Sie nun zurück in die heutige Zeit schauen, werden Sie merken, dass der Grund, weshalb das Internet so stark ablenkend ist, die Sensibilität der unwillkürlichen Aufmerksamkeit ist. Die willkürliche Aufmerksamkeit existiert in zwei Formen: einmal der enge und einmal der weite Fokus. Die weite Fokussierung wird auch offene Aufmerksamkeit genannt. Hier sehen Sie das Gesamtbild und können sich daher optimal daran orientieren. Bei der engen Fokussierung, oder auch scharfe Aufmerksamkeit genannt, ist Ihre Aufmerksamkeit lediglich ganz auf ein einziges Detail gerichtet. In diesem Falle können Sie mit großer Sorgfalt daran arbeiten. Bei der engen Fokussierung ist allerdings die Gefahr, einen Tunnelblick zu bekommen, recht groß. Denn hier nimmt meist die Negativverzerrung zu. Das bedeutet, dass Sie empfänglicher für negative Gedanken und Emotionen sind. Die positiven Emotionen nehmen hingegen ab. Bei der weiten Fokussierung ist es genau andersherum.

Zusammenfassend kann man jedoch zu den beiden Arten sagen, dass sie beide ihre Vor- und Nachteile besitzen.

UNWILLKÜRLICHE AUFMERKSAMKEIT

Die unwillkürliche Aufmerksamkeit lässt sich nicht bewusst beeinflussen, sondern wird von zwingenden Reizen aus Ihrer Umgebung aktiviert. Diese Reize sind zum Beispiel ein lauter Knall, ein Handyklingeln, der Geruch des Lieblingsessens und alle weiteren, die unwillkürliche Aufmerksamkeit hervorrufen. Doch wieso kann die unwillkürliche Aufmerksamkeit nicht beeinflusst werden? Die Antwort liegt einige tausend Jahre zurück. Die

Vorfahren der Steinzeit waren auf die unwillkürliche Aufmerksamkeit für den Schutz von Gefahren und für das Finden von Nahrung angewiesen.

MIND-WANDERING

Mind-Wandering, oder auch als Tagträumen bekannt, können Sie als eine Art Grundzustand Ihrer Aufmerksamkeit verstehen. Wenn keine zwingenden Reize vorhanden sind und Sie Ihre willkürliche Aufmerksamkeit nicht anwenden, also Ihren Gedanken freien Lauf lassen, schaltet Ihr Gehirn ganz automatisch in diesen Modus. Das passiert immer dann, wenn das Gehirn bzw. der Geist nicht oder nicht besonders gefordert wird, zum Beispiel beim Saubermachen oder Duschen. Man kann sagen, dass das Gehirn des Menschen um rund 50 % der wachen Zeit in diesem Modus verharrt.

Das Tagträumen kann allerdings auch nützlich sein. Es gibt Menschen, die, sobald Sie dieses tun, ein schlechtes Gewissen bekommen. Doch es kommt immer darauf an, welche Ziele Sie verfolgen. Um zu wissen, wann Sie das Mind-Wandering gezielt anwenden und anstreben sollten, müssen Sie natürlich im Vorfelde wissen, welche Vor- und Nachteile es hat.

STÄRKEN UND SCHWÄCHEN DES MIND-WANDERINGS

Bei dem Mind-Wandering handelt es sich um eine Tätigkeit, die das Gehirn mit ungenutzten Ressourcen zur Problemlösung verwendet. Aufgrund der Tatsache, dass es sich beim Mind-Wandering hauptsächlich um Probleme handelt, sind die Inhalte dessen natürlich auch meist negativ. Doch es sind natürlich nicht nur negative Gedanken über ungelöste Probleme. Stattdessen gibt es auch positive Tagträume, welche sich um positive Gedanken wie zum Beispiel um den Bau des neuen Hauses oder um die schönen Urlaubserinnerungen handeln. Es kommt auf Ihr Temperament an, ob Sie eher negative oder eher positive Tagträume haben. Doch es hat noch einen entscheidenden Vorteil. So kann sich in der Zeit, in der Sie sich nicht aktiv mit der Problemlösung beschäftigen, ein kreativer Anreiz ergeben, der Ihnen bei der Problembeseitigung hilft. Es ist somit wahrscheinlicher, dass Ihnen in dieser Zeit die Lösung einfällt, anstatt dann, wenn Sie krampfhaft versuchen, die Lösung für das Problem zu finden. Das mag auch der Grund dafür sein, dass vielen

Menschen zum Beispiel während eines Spaziergangs oder beim Joggen die Einsichten, Entdeckungen oder Ideen kommen. In diesem Zusammenhang kann man sagen, dass das Mind-Wandering der willkürlichen und der unwillkürlichen Aufmerksamkeit eine Pause gönnt. Diese Pause wirkt sich unweigerlich positiv auf Ihre Konzentration aus. Die Schwächen des Mind-Wanderings sind jedoch, dass es manchen Menschen in gewissen Situationen sehr schwerfällt, diese negative Gedankenwelt wieder zu verlassen. Sie verharren in diesem negativen Gefühlszustand, ohne auch nur in die Nähe einer Lösung zu kommen. Dies geschieht vor allem bei depressiven Menschen. Sollten Sie sich dabei erwischen, wie Sie Ihre negativen Gedanken nicht mehr loswerden, sollten Sie lernen, das destruktive Mind-Wandering zu stoppen und sich mit schönen Dingen zu beschäftigen.

Wie Sie die verschiedenen Aufmerksamkeits-Formen optimal einsetzen können

Für den Anfang ist es wichtig, dass Sie Ihren eigenen Aufmerksamkeits-Rhythmus kennen. Dieser ist bei vielen Menschen unterschiedlich. Achten Sie also auf Sich selbst. Wann sind Sie am konzentriertesten und wann fallen Sie in das sogenannte Mittagsloch? Wann sind Sie am produktivsten? Diese Punkte sollten Sie bei Ihrer Tagesplanung berücksichtigen. Ebenso sollten Sie zwischendurch immer mal wieder Aufmerksamkeitspausen einlegen.

Denn wie Sie schon wissen, ist Ihre willkürliche Aufmerksamkeit nicht unbegrenzt. Nachdem Sie diese also intensiv genutzt haben, sollten Sie eine Verschnaufpause einlegen, damit sie sich wieder regenerieren kann. Als kleine Faustformel kann man sagen: Arbeiten Sie 45 Minuten und legen Sie dann eine 15-minütige Pause ein. Diesen Rhythmus sollten Sie schließlich auf der Basis Ihrer individuellen Erfahrung abändern. Die Länge der Pause ist nicht unbedingt entscheidend für eine gute Erholung. Wichtiger ist eher, was Sie in der Pause, die Sie haben, tun. Vor allem die Natur bietet schnell und vor allem effizient eine gute Erholung, wodurch sich die willkürliche Aufmerksamkeit wieder regenerieren kann. Um die Aufmerksamkeit wieder anzufachen, lohnt es sich, ein kurzes Nickerchen zu machen. Wichtig ist hierbei allerdings, dass Sie auf keinem Fall länger als 20-30 Minuten schlafen sollten. Sonst fühlen Sie sich noch erschlagener als vorher.

Der ideale Zeitpunkt für ein solches Nickerchen sind rund 7 Stunden nach dem Aufstehen. Als letzter Punkt, den Sie jedoch bereits kennen, kommt auch hier wieder die Beseitigung von ablenkenden Dingen und die Beendigung von Multitasking ins Spiel.

So können Sie das Mind-Wandering am besten für Sich nutzen

Um das Mind-Wandering am effektivsten zu beenden, ist das Arbeiten sicher die beste Möglichkeit. Doch wenn Sie nicht bei der Arbeit sind, sollten Sie ein bewusstes Zeitfenster für Ihre Tagträume haben. Damit gewährleisten Sie, dass Ihre Gedanken in den Zeiten wo es nicht angebracht ist, auch nicht auf Wanderschaft gehen.

Sie haben außerdem die Möglichkeit, sich zu entscheiden, welche Art von Mind-Wandering Sie gerne hätten und welche Sie für Sich nutzen wollen. Um das problemorientierte Mind-Wandering zu starten, schreiben Sie Ihre ungelösten Probleme auf ein Blatt Papier und machen Sie sich bewusst Gedanken darüber. Für das positive Mind-Wandering schreiben Sie schließlich die positiven Gedanken und Erinnerungen auf. Hier ist es empfehlenswert, wenn Sie die positiven Erinnerungen aktivieren, wozu sich Bilder von den jeweiligen Erinnerungen gut eignen.

Was haben Fokus, Konzentration und Aufmerksamkeit mit Speed-Reading zu tun?

Im ersten Moment denken Sie vielleicht, was haben diese drei Sachen denn überhaupt mit dem Speed-Reading zu tun? Es ist ganz einfach. Ohne einen guten Fokus, eine gute Konzentration und Aufmerksamkeit wird es Ihnen schwerfallen, das Speed-Reading wirklich erfolgreich zu erlernen. Denn immer, wenn man sich neue Dinge aneignen möchte, sind diese Voraussetzungen vonnöten. Sollen Sie ein dickes Buch in kurzer Zeit durchlesen oder steht in den nächsten Tagen eine wichtige Prüfung an, wofür Sie noch viele Texte durcharbeiten und sichten müssen, hilft Ihnen der richtige Fokus für die Erreichung des Ziels.

Sie können es also als eine Art Hilfsmittel ansehen, die Einstellung zu gewissen Dingen zu verändern, um schneller an Ihr gewolltes Ziel zu kommen. Natürlich können Sie diese drei Punkte auf alle möglichen Dinge des Lebens projizieren. Allerdings werden Sie Ihnen auch in diesem Punkt, dem Erlernen des Speed-Readings auf hoher Stufe, sehr zum Vorteil werden. Sie können sich sicher vorstellen, dass wenn Sie ein dickes Buch per Speed-Reading lesen möchten und die nötige Konzentration und der Fokus fehlen, dass Sie dann Sie das Buch auch fünfmal lesen können, ohne dass etwas von dem Inhalt hängen bleibt. Der Fokus, die Konzentration und die Aufmerksamkeit sind also maßgeblich für das Erlernen neuer Fähigkeiten. Ohne diese ist es uns als Menschen nicht möglich, neue Dinge zu lernen. Das Speed-Reading verlangt vor allem in der Anfangszeit ein hohes Maß an Konzentration. Wenn Sie also ganz am Anfang Ihrer Speed-Reading-Karriere stehen, werden Sie durch diese Tipps schneller an Ihr gewolltes Ziel kommen.

Was Sie für sich aus diesem Buch mitnehmen können

Nachdem Sie dieses Buch nun durchgelesen haben, können Sie verschiedene Aspekte in Bezug auf das Speed-Reading und ganz allgemein im Bereich des Lesens für sich erkennen und nutzen. Probieren Sie es doch ruhig mal aus und fangen Sie mit einem eher leichten Text an. Gehen Sie so vor, wie es bei den Tipps und Übungen beschrieben steht. Sie werden merken, dass Sie schnell sicherer werden, wenn Sie es häufiger anwenden. Der Inhalt des Textes geht nicht verloren. Für umfangreichere Texte empfiehlt es sich immer, eine Mind-Map anzulegen. Diese gibt Ihnen den nötigen Überblick über die Hauptthemen. Achten Sie auf die ausreichende Konzentration und bleiben Sie bei der Sache. Neue Dinge können nur erlernt werden, wenn Sie auch den Kopf dafür freihaben.

Sollten Sie jedoch immer wieder durch verschiedene Dinge abgelenkt werden, schauen Sie nochmal bei dem Thema „Konzentrationsblockaden“ rein. Die beschriebenen Tipps werden Ihnen helfen, zurück zur Konzentration zu finden und auch bei ihr zu bleiben. Für das Lesen und das Textverständnis allgemein ist es maßgeblich, konzentriert zu sein. Fangen Sie also klein und mit einfacheren Texten an und steigern Sie schließlich Ihr Können im Speed-Reading. Messen Sie Ihre effektive Leserate und toppen Sie sich selbst. Am besten fangen Sie mit der Übung zum schnelleren Lesen an. Wenn Sie dies beherrschen, wird es Ihnen deutlich leichter fallen, auch auf die anderen Dinge, beispielsweise das Textverständnis, zu achten. Das macht nicht nur Spaß, sondern regt ebenso den eigenen Ehrgeiz an.

Impressum

Herausgeber: Pegoa Global Media GmbH / Am Sandtorkai 27 / 20457 Hamburg
Kontakt: kontakt@pegoamedia.de
Coverbild: Shutterstock

Haftungsausschluss:
Die Nutzung dieses Buches und die Umsetzung der enthaltenen Informationen, Anleitungen und Strategien erfolgt auf eigenes Risiko. Der Autor kann für etwaige Schäden jeglicher Art aus keinem Rechtsgrund eine Haftung übernehmen. Haftungsansprüche gegen den Autor für Schäden materieller oder ideeller Art, die durch die Nutzung oder Nichtnutzung der Informationen bzw. durch die Nutzung fehlerhafter und/oder unvollständiger Informationen verursacht wurden, sind grundsätzlich ausgeschlossen. Rechts- und Schadenersatzansprüche sind daher ausgeschlossen. Dieses Werk wurde sorgfältig erarbeitet und niedergeschrieben. Der Autor übernimmt jedoch keinerlei Gewähr für die Aktualität, Vollständigkeit und Qualität der Informationen. Druckfehler und Falschinformationen können nicht vollständig ausgeschlossen werden. Es kann keine juristische Verantwortung sowie Haftung in irgendeiner Form für fehlerhafte Angaben vom Autor übernommen werden. Die bereitgestellten Analysen, Vorschläge, Ideen, Meinungen, Kommentare und Texte sind ausschließlich zur Information bestimmt und können ein individuelles Beratungsgespräch nicht ersetzen. Alle Informationen dieses Buches entsprechen dem Kenntnisstand zum Zeitpunkt des Verfassens dieses Buches. Eine Haftung für mittelbare und unmittelbare Folgen aus den Informationen dieses Buches ist somit ausgeschlossen.
Informieren Sie sich weitläufig aus unterschiedlichen Quellen und bedenken Sie, dass am Ende nur Sie für die Entscheidungen verantwortlich sind.

Urheberrecht:

Haftung für externe Links:
Unser Angebot enthält Links zu externen Websites Dritter, auf deren Inhalte wir keinen Einfluss haben. Deshalb können wir für diese fremden Inhalte auch keine Gewähr übernehmen. Für die Inhalte der verlinkten Seiten ist stets der jeweilige Anbieter oder Betreiber der Seiten verantwortlich. Die verlinkten Seiten wurden zum Zeitpunkt der Verlinkung auf mögliche Rechtsverstöße überprüft. Rechtswidrige Inhalte waren zum Zeit-punkt der Verlinkung nicht erkennbar.

Wir danken Ihnen für Ihr Interesse und Ihr Vertrauen. Als Dankeschön dafür, haben wir eine besondere Überraschung. Wir haben das **„ultimatives Schreibtraining für Kinder"** für Sie. Und dieses erhalten Sie vollkommen kostenlos. Das klingt wunderbar? Dann warten Sie nicht lange und holen Sie sich Ihr Gratis-Geschenk.

Hier geht es zu Ihrem Gratis-Geschenk:

https://forms.gle/n546h4yQugYpgT9T7

1. **Öffnen Sie die Kamera-App auf Ihrem Smartphone und richten Sie die Kamera auf den QR-Code.**
2. **Klicken Sie auf den Link, der Ihnen angezeigt wird und schon werden Sie zur Website weitergeleitet.**